大学生心理辅导实用途径

王晶晶 —— 著

人民东方出版传媒
People's Oriental Publishing & Media
東方出版社
The Oriental Press

图书在版编目（CIP）数据

大学生心理辅导实用途径 / 王晶晶著. —北京：东方出版社，2022.9

ISBN 978-7-5207-2933-8

Ⅰ.①大… Ⅱ.①王… Ⅲ.①大学生—心理健康—健康教育 Ⅳ.① G444

中国版本图书馆 CIP 数据核字（2022）第 144878 号

大学生心理辅导实用途径

(DAXUESHENG XINLIFUDAO SHIYONGTUJING)

著　　者： 王晶晶
策划编辑： 鲁艳芳
责任编辑： 朱兆瑞
出　　版： 東方出版社
发　　行： 人民东方出版传媒有限公司
地　　址： 北京市东城区朝阳门内大街 166 号
邮政编码： 100110
印　　刷： 北京文昌阁彩色印刷有限责任公司
版　　次： 2022 年 9 月第 1 版
印　　次： 2022 年 9 月北京第 1 次印刷
开　　本： 710 毫米 ×1000 毫米　1/16
印　　张： 16.25
字　　数： 204 千字
书　　号： ISBN 978-7-5207-2933-8
定　　价： 78.00 元
发行电话：（010）85924663　85924644　85924641

前　言

大学教育的目标是培养全面发展、具有较高综合素质的社会合格人才。心理素质既是个体综合素质的重要组成部分，也是其他素质形成和发展的重要基础。当代大学生既面临历史遗留的许多问题，又面临着新形势下的许多困惑。高校开展心理健康教育，对大学生进行心理健康辅导，可以促进他们更好发展。

鉴于此，笔者撰写了《大学生心理辅导实用途径》一书，在内容编排上共设置六章。第一章作为本书论述的基础与前提，内容包括大学生心理健康的理论基础、大学生心理健康教育中的常见问题、心理辅导在大学生心理健康教育中的重要性；第二章分析大学生自我意识及其发展、大学生健全人格的影响因素与培养途径、大学生人格的发展及维护；第三章论述大学生情绪的调节与管理；第四章研究大学生适应心理与学习心理的培养；第五章探讨大学生心理健康的多元发展；第六章是全书的核心，全面阐述大学生心理健康教育辅导的实用途径。

本书有以下两方面特色。

第一，结构清晰。本书从大学生心理健康教育及辅导工作的实际出发，从多个方面和角度对大学生心理健康的完善和发展进行探讨，以增进读者对相关知识的了解。

第二，实用性强。本书的专业内容在不同程度上通过鲜活的实例进行了补充说明，理论联系实际，并以此为基础进一步加深对大学生心理健康教育辅导的创新实践研究，力求对相关从业者提供有效的借鉴。

笔者在撰写本书的过程中，得到了许多专家学者的帮助和指导，在此表示诚挚的谢意。由于笔者水平有限，加之时间仓促，书中所涉及的内容难免有疏漏之处，希望各位读者多提宝贵意见，以便笔者进一步修改，使之更加完善。

目　录

第一章

绪　论

第一节 大学生心理健康的理论基础

一、健康与心理健康的认知

（一）健康的认知

健康是人类生存和发展的基本要素，也是人类永恒的话题。人们对健康的认识也随着社会的不断进步而发生着改变，越来越趋于全面。早期的健康被定义为：人体各器官系统发育良好、功能正常、体质强壮、精力充沛并具有良好劳动效能的状态。我们通常可以用人体测量、体格检验和各种生理指标来衡量人的健康状况，但是随着科学文化的发展，人们在满足物质生活的同时，开始对精神生活提出了越来越高的要求。人们开始意识到很多生理疾病的产生都与心理因素有密切的关系，心理健康问题成为社会的一种普遍现象，“亚健康”“灰色状态”等健康问题开始出现。

健康是多方面的综合，包含生理、心理，此外，还涉及社会适应能力等方面的内容。心理健康和生理健康密切相关，两者相辅相成，促进健康的发展，其中任何一方面出现问题都会对另一方面产生干扰，从而影响整体的健康状况。心理上如果感受到压抑和焦虑，就容易影响生理健康；生理上如果出现问题，则会对心理有负面影响。因而，两者是不可分割的统一整体。

（二）心理健康的认知

1. 心理健康的意义

心理健康的意义主要表现在以下三个方面。

- 心理健康是健康的动力和保证。人体的健康是生理健康和心理健康的统一。生理健康是健康的基础，而心理健康则是健康的动力和保证。
- 心理健康才能更好地适应社会。社会的环境是复杂多变的，心理不健康的人在面对纷繁复杂的社会环境时会表现得不够冷静。而心理健康的人则能对现实保持清醒的认识，有高于现实的理想，但又不沉浸在幻想当中，对生活中的各种问题、困难都能够积极面对，并努力地去处理而不是回避困难，从而更适应整个社会的变化。
- 心理健康才能更好地学习和工作。心理健康的人能在学习和工作中获得满足感，并在学习和工作中将自己的聪明才智充分发挥出来。对于他们而言，学习和工作不再是负担，而是一种乐趣。

2. 心理健康的标准

对于健康的定义，传统观念认为健康就是身体没有疾病。因此，人们往往重视身体的锻炼与保养，而忽略了心理的保健。然而，随着科学文化的进步和社会的不断发展，人们对健康的理解更加深入。心理健康不仅是一种无精神疾病的状态，更可以被视为一种幸福状态。在这种状态中，每个人都能认识到自己的潜力，可以应付正常的生活压力，有效从事工作，并能够对社会作出贡献。从广义上来讲，心理健康是指个体具有一种持续、高效而满意的心理状态，在这种状态下，生命具有活力，潜能得到开发，价值得以实现。从狭义上来讲，心理健康是个体具有稳定的情绪和适度的行为，具有协调关系和适应环境的能力。关于心理健康的标准，不同国家有不同的标准，不同年龄有不同的要求。

心理健康标准可以包括：身体、智力、情绪十分调和，能适应环境，人际关系和谐，有幸福感，在工作中能充分发挥自己的能力，过有效率的生活。

心理健康的判断依据包括：所具有的安全感能否满足自身所需；能否充分理解并客观地对自身进行评价；能否凡事从实际出发，制订计划向理想目标前进；能否保持良好的社交关系；能否在生活和外部影响下保持自身人格；能否从周遭环境和自身经历中不断学习；能否在不同情况下维持一定范围内的情绪稳定；能否在环境框架下合理展露自身个性；能否于所处环境中在规范个人行为的前提下满足自身需求。

关于心理健康的指标，我们可以概括为以下八个方面。

- 关于自我，能够了解自我并满足自我需求。对自我价值有客观实际的评估并有能力体现自身价值，是心理健康的重要表现。心理健康的人能够对自身的性格、情绪有客观认识，并对自身能力有准确评价，从而对自身提出合理的期望值，设立能够达到的要求，在迈向理想的道路上制订合理的计划，而不是脱离实际。此外，他们能够在自身基础条件下发掘潜力，实现更高的追求。不论在前行道路上走得如何，心理健康的人都能够坦然接受。
- 人际交往方面，能够与周遭的人、事、物有良好的互动。在接受自我的基础上，能否接受他人是心理健康与否的重要衡量标准。一个人在完成自我肯定的同时也要能够完成对他人价值的肯定，能理解和接受他人，在与他人交往时能够保持和谐的关系，能融入集体中享受群体的欢乐，也能够在独处时享受自己的时间。不论是与他人交往还是在集体中，多以正向的态度面对他人，较少出现负面情绪，就能够更好地融入集体，获得安全感，提升适应能力。

- 生活与工作。生活和工作是人们生命中的重要组成部分，在生活中保持积极向上的状态，享受生活中的美好与欢乐是热爱生活的表现；在工作中以达到目标作为准则，并从中获得满足感是热爱工作的表现。对生活和工作的热爱能使人从中获取智慧与能力，并在今后的生活和工作中更好地解决问题，提高生活幸福感，提升工作有效性。
- 对现实问题的看法。现实并不总是顺利的，因此一个人在遇到与预期不符的现实状况时要正确看待，先要勇敢面对现实，再接受现实，而后采取有效的措施对其进行改造，以使其能够合理存在。心理健康使人在面对现实时能保持客观的态度，能在客观实际的基础上设置理想，并妥善地处理在追逐理想的过程中遇到的挑战。
- 对情绪的控制和心态的保持。控制情绪并非指没有负面情绪，而是在负面情绪出现时能够尽快地走出阴霾，重新拾回快乐和满足。保持心态体现在面对喜乐哀伤时能让自身在一定范围内进行情绪表达，喜乐时不忘乎所以，哀伤时不沉溺其中。社交时能够保持平和的心态面对他人，尊重与之交往的每个人，并在一定的社交框架和规则中寻求自身利益的满足。
- 完整和谐的人格。人格结构由性格、气质、兴趣、信念等多个方面组成，这些人格结构的协调一致性是心理健康的表现。心理健康的人在各个方面和谐共生。此外，思考问题时也会考虑多方面因素，不偏激，灵活应对人际关系，既不固化交往方式，也不偏激应对，能与他人产生较为适中、合理的交往，也能顺利地融入集体中。
- 拥有正常的智力水平。智力水平决定了工作、生活以及学习能否顺利进行，也是衡量心理健康的要素之一。

- 第八，年龄与心理成熟度是否相符。人在不同年龄段会出现不同的心理行为，绝大部分人在同一个年龄段都有相似的表现，如果心理行为特征与实际年龄大致相符，则无须担心心理健康问题。

以上列举了心理健康的不同评判标准和尺度，个体可以此来大致衡量自己的心理健康水平。

3. 心理健康教育

人的心理是非常复杂和奇妙的。很多大学生对人的心理现象颇为好奇，因而对心理学也充满了好奇。实质上，心理学是一门研究人的心理现象和行为规律的科学，心理学与人们的生活密切相关。积极心理学是心理学新的生长点，又被誉为一门研究快乐和幸福的科学。积极心理学倡导用积极的心态对人的许多心理现象，包括心理问题作出新的解读，用一种欣赏的眼光去看待人类的潜能、动机和能力，从而激发个体自身所固有的某些实际的或潜在的积极力量和优秀品质，并利用这些积极力量和优秀品质来帮助有问题的人、普通人或者具有一定天赋的人最大限度地挖掘自己的潜力，过上美好生活。

随着经济的快速发展，人们的生活节奏日益加快，竞争越来越激烈，人际关系越来越复杂，工业化、现代化、社会化、一体化的程度在不断提高，科学技术的飞速进步迫使人们不断地进行知识更新。作为社会人口的重要组成部分，生活和学习在高校里的学生们需要面对许多引发心理问题的情况，例如，对新生活、新环境的适应，对专业的选择和学习的适应，理想与现实的差异，舍友、同学、师生等人际关系的处理，恋爱、就业等。

如何使大学生以积极的、正常的心理状态去适应环境，增进身心健康，预防心理和精神疾病的发生，使他们能更好地发展自身潜能，发挥自身实力，开创美好的人生，是目前需要处理的重要课题。因此，大学生心理健康教育就成了时代发展的迫切需要和学生茁壮成长的重要保障。

在大学生心理健康教育中，教师应该多与学生探讨那些能促进其思考和培养积极生活态度的问题，比如：幸福的奥秘，怎样保持生命的最佳状态，怎样拥有一个积极的精神状态，充满乐观的希望和散发着春天般活力的阳光心态等。积极心理健康的核心理念是，心理健康不仅要关注人的各种心理问题或心理疾病，还要更多地关注人的积极品质或积极力量。当前，国家对大学生心理健康教育非常重视。

大学生心理健康教育的目的在于将积极心理学与传统的大学生心理健康教育进行有机结合，让学生们懂得利用积极心理学原理来反省、思考和实践，从而对其心理的健康发展产生更大的帮助，更好地挖掘潜能、发展技巧，从而更好地工作、学习和生活。

总而言之，心理健康在人们的生活、学习和工作中都发挥着重要的作用，它可以让人们全面、健康地发展，使人与人之间的关系更为和谐。随着社会的发展和进步，心理健康的重要性也越来越凸显，健康的心理也是一个人快乐和成功的保证，是社会稳定的条件。

二、大学生心理健康的影响因素

大学生心理健康问题是在各种内外因素的共同作用下长期累积的结果，因此，有必要全面探讨在大学生成长过程中，特别是在早期，影响其心理健康的各种因素。

（一）生物因素

遗传是个体心理发展的生物学基础。没有这样的基础或者在遗传上有严重缺陷，都会对个体心理发展造成不可弥补的或者极为严重的不良影响。由此可见，遗传因素对学生心理健康的影响之重大。学生某些心理健康问题与某些遗传因素有着不可分割的联系，有些心理疾病存在明显的家族性倾向。

神经系统的生化因素是影响心理健康的重要因素。精神病患者的脑组织、血液或尿中含有的一些化学物质，如果注入健康人体内，便会产生相应的精神症状。不同的神经递质对人的精神状态和精神疾病会产生不同的影响，如过多的肾上腺素能转化为一种致幻剂，影响神经功能传递而引起狂躁型精神病症状；一些精神分裂症状则与多巴胺过多有关。同时，母亲在孕期的营养、情绪及身体健康状况不佳，分娩过程异常，一些生理疾病，外伤及中毒，微量元素缺乏，神经内分泌系统异常等生理因素，都可能对个体的健康造成不利影响。

（二）家庭因素

个体的早期经验对其一生的心理健康具有重要的影响，而个体早期的生活环境主要是家庭。“家庭是每个人成长的第一环境，父母是孩子的第一任老师。”[①] 家庭的结构和生活氛围、父母的教养方式、家庭经济状况等均会对子女心理发展和心理健康产生重要影响。

1. 家庭结构和生活氛围

家庭结构对学生的心理健康有很大的影响，完整的家庭对子女的心理

---

① 张冬梅、谷丹主编：《大学生心理健康教育》，北京邮电大学出版社 2018 年版，第 11 页。

发展有良好的促进作用。父母对子女带有差异性的教育是一种天然的和谐，是一种取长补短的巧妙配合。家庭中的生活氛围也对学生的心理健康有直接的影响。孩子在家中生活，时刻感受和体验着家庭的生活氛围，如果家庭各成员之间互相尊重、互相爱护、坦诚、谅解、和气忍让，家庭中就会形成一种和谐、温暖的人际关系，以及一种积极向上、轻松、欢乐的生活氛围，这非常有利于个体情绪稳定和良好性格的形成，有利于其心理健康。反之，如果家庭成员之间充满猜疑，父母经常吵架，则会导致个体焦虑不安和缺乏安全感，不利于其心理健康。

2. 父母的教养方式

一般而言，父母对子女的教养方式主要有：专制式、溺爱式和民主式。在专制式教养方式下，子女的意见和愿望得不到表达，他们很少能得到尊重和温暖，容易形成畏惧、缺乏安全感、缺乏自信等性格，从而会严重抑制其心理的发展，影响他们对社会的适应性。在溺爱式教养方式下，子女受到过度的保护，得不到应有的锻炼，不承担应有的责任，同时，无原则的迁就容易使他们变得任性、自私、嫉妒且自理能力差，缺乏应变能力和正确的自我观念，不易适应社会和学校中的人际关系。在民主式教养方式下，子女既可以得到尊重和保护，又能受到良好的教育。家长对子女起到指导性的作用，既满足他们的正当需要，又对其不正当的要求和言行给予及时说服教育和帮助。在这种教养方式下成长起来的孩子，懂得关心人、尊重人、同情人，进而会形成积极乐观和开朗的性格，能较好地适应社会和学校生活。

综上所述，民主式教养方式有利于子女的心理健康，而专制式和溺爱式教养方式不利于子女的心理健康。

（三）学校因素

在大学生的成长过程中，学校教育对其心理发展和心理健康的影响占有重要地位。学校教育的指导思想、组织形式和教学内容与方法，教师的态度、管理方式及对学生的期待，以及学习压力、人际关系压力和校风等，都会对学生的心理健康造成影响，主要有以下三方面的因素。

- 教师的管理方式及对学生的期待的影响。与家庭的教养方式类似，教师的管理方式可以分为民主式、专制式和放任式。显然，民主式管理方式最有利于学生的心理健康，而专制式、放任式管理方式均不利于学生的心理健康。教师对学生的态度和期待也会对其心理健康产生不同的效应。如果教师对学生有良好的、积极的期待，即使不用言语明确表达出来，学生也会不知不觉地感受到这些信息，并朝着教师所期待的方向健康发展。
- 学习压力的影响。适当的压力会使学生产生适度的紧张，易于集中注意力，调动积极性，有利于学习。但是过重的压力会造成学生的焦虑不安等，如果长期处于这样的状态，就会导致心理问题。
- 学校中人际关系的影响。学校中的人际关系是影响学生心理健康的重要因素，这是因为任何人都不能离开他人而生活，人有归属感和交往的需要。人际关系良好与否会直接影响学生的心理健康，或者说人际关系本身就是心理是否健康的重要标志之一。一个有着良好的师生关系和同学关系，在班集体中得到肯定、尊重、温暖、平等对待的学生，会产生安全感，这必然有利于其心理的健康发展。此外，校风以及学校的管理制度、教育方法与奖惩措施等都会影响学生的心理健康。

（四）社会因素

人总是生活在一定的社会环境之中的，社会文化背景、政治经济状况、社区环境、社会风气、风俗习惯及重大的社会事件等都会对大学生的心理健康产生影响。

1. 就业问题

职业是人生命中的重要组成部分，它决定着一个人的收入多少、生活水平和社会地位的高低以及个人价值的大小。而一个人在事业上的成功与否，关键在于他是否能在所选择的工作中发展自我和实现自我价值，享受他所选定的生活方式。因此，对于大学生而言，就业问题非常重要。

近些年来，我国大学生的就业分配制度发生了重大的变化，由过去“统包统分”的就业模式向“供需见面、双向选择、自主择业”的模式发展。同时由于经济状况的变化和政策的调整，大学生的就业形势变得严峻。在这种背景下，许多大学生没有转变自己的择业观念，没有降低职业期待，对自己的个性、能力、兴趣等缺乏正确的了解，也缺乏求职的经验和面试的技巧等，因而加大了就业过程中的困难和挫折。

2. 网络问题

互联网跟其他科学技术一样，既有助于大学生开阔视野，又给他们带来了机遇，但与此同时也给大学生造成了许多不容忽视的消极影响，特别是在心理健康方面。

- 互联网对大学生的人际交往有重大影响。网上的人际交往不是面对面的直接交往，而是符号化的间接交往。在网络交流过程中，大学生会感到更轻松、更自在。在虚拟化的社交环境中，他们不用担心、掩饰自己的缺陷，可以通过网络塑造自己的新形象，展现自我，满足现实中不可能满足的许多愿望。但是，这种交往方式在物理空间上隔绝和孤立了交流主体，缺乏现实交往所固有的丰富的人情表达和密切的人伦关系，导致人际关系数字化、非伦理化、非人性化，使得人际关系能力下降。因而一些学生一旦离开网络，置身于现实社会中，面对现实中的人际交往时就会出现人际交往的障碍。

- 网络也会给大学生的人格发展带来影响。网络上承载和传播的信息良莠不齐，这既为大学生带来了新的观念和信息，有利于大学生形成开放的心态，也给他们的世界观、人生观和价值观造成了很多不利的影响，使大学生对本民族的优秀文化传统与价值观的认同、信任和自豪感受到损害。

（五）自身因素

生物因素、家庭因素、学校因素和社会因素对大学生心理健康的影响程度与其本身的内在心理素质有很大的关系。对于同样的生活事件，不同的大学生个体会有不同的评价和态度，且会产生不同的意义和结果，因此对大学生心理健康的影响程度是不同的。

在大学生的各种心理特点中，最为重要的就是个性特点。那些性格开朗、乐观、自信、果断、坚强、独立的大学生，在面对各种得失、冲突与选择及困难与挫折时，能理性对待，会有正确的态度和评价，而且会努力克服困难，这样就会减少或消除这些应激源对其心理健康的不良影响。反之，那些自卑、退缩、孤僻、悲观、焦虑、依赖的大学生在面对困难与挫折时，通常会出现不正确的态度与评价，会感到不知所措，因此会感到失望。

第二节　大学生心理健康教育中的常见问题

当代大学生心理健康教育中的常见问题，主要包括以下五个方面。

一、大学生的心理适应问题

一般而言，大学生在适应新的角色、任务和环境的过程中会产生许多心理问题，适应问题较为常见，主要包括新生入学的生活适应、心理适应、在校期间角色变化的心理适应、日常行为习惯的心理适应、毕业时的心理适应等。其中，新生入学后一周到两个月之间，不适应表现最为集中、最为明显，具体特征包括不能适应集体生活、不习惯离开家、不会照顾自己、难以入睡等。

二、大学生的自我落差问题

在大学生的自我发展中，既存在自我认识、评价与实际情况的差异问题，也存在理想自我与现实自我的落差问题。理想自我与现实自我的不平衡是心理问题产生的重要因素。如何协调理想自我与现实自我的不平衡、如何看待自己，是大学生自我发展中面临的重大问题。另外，过度的自我接纳与过度的自我拒绝、过度的自尊与过度的自卑、自我中心与从众心理、过度的独立意识与过度的依赖心理等问题及其矛盾冲突，也是大学生自我意识问题的主要表现，尤其是自卑心理。

三、大学生的学习问题

在校大学生的主要任务是学习，圆满地完成大学期间的学习任务几乎是每个大学生的愿望，但学习压力过大、目标不明确、对所学专业不感兴趣、动力不足、注意力不集中、成绩不理想、学习方式不适应、对教师的授课方式不习惯、考试焦虑等学业问题或多或少地困扰着每一个大学生。大学相对于中学而言，有更多的自由支配时间，也比较轻松，有的学生经过多年的“高压”学习，进入大学后，一方面缺乏明确的学习目标和学习动机；另一方面学习独立性差，缺乏毅力和韧劲，出现了较严重的学习倦怠现象，导致学习生活质量低下，缺乏应有的活力和热情。

四、大学生的情绪与情感问题

大学生处在人生的重要阶段，通常面临着来自个人、家庭、社会等各方面的压力，学习生活的重负担、家庭给予的高期望、社会市场的强竞争等压力都会让大学生的心理与情绪处于紧绷状态。通常情况下，合适的心理压力能够转化为前进的动力，大学生能够出现超常发挥的学习状态，从而呈现出正调节作用；但若是心理压力过大，或是他们没有充足的能力去解决相应的问题，则会产生负面情绪，影响正常的生活状态。一些大学生会出现如下一些比较突出的情绪问题。

- 抑郁。抑郁表现为个体心中持久的情绪低落，常伴有身体不适、睡眠不足，心情压抑、沮丧、无精打采、不参加活动，在学习和生活中没有精神，逃避参与群体活动等现象。
- 焦虑。焦虑是大学生最容易产生的情绪状态，主要分为考试焦虑和自我焦虑等。考试焦虑基本是大学生活中的一种普遍状态，特别是在学习基础和能力较差的学生身上有较为充分的表现；自我焦虑主要是在生活、异性上倾注了较多的精力，容易受到各方面的影响，同样会产生担心、害怕、厌倦的心理。

- 情绪不稳定。对于大学生活丰富多彩的学生而言，他们容易受到外界各种因素的影响。这个时期的学生在情感方面会表现出更加强烈的特征，情绪、心理存在内隐性，情绪易失衡、失控，任何情况都能够影响到情绪的波动。

五、大学生的人际关系问题

良好的人际关系是大学生成长、成才与良好社会化的重要支持，也是保持良好心理状态的必备条件，它使人获得安全感和归属感、得到支持与理解，给人精神上的愉悦和满足；不良的人际关系使人压抑和紧张，让人感到孤独与寂寞。对刚跨入大学校门的学生而言，在人际关系方面主要有以下问题。

- 人际关系不适。进入大学，远离熟悉的生活与学习环境，面对不同的人际群体，许多思想和习惯碰撞在一起，大学生会产生一定程度的不适应。部分学生面对大学的师生关系、同学关系、异性关系时显得很不适应。
- 社交关系不良。大学能够基本呈现出社会具备的各种要素，学生可以利用这种独特的平台展现自身，发挥自己的才智、特长。但是其中不乏欠缺勇气、能力、技能的学生，他们既渴望友谊，又不敢主动，表现出退缩甚至回避的状态。这种情况容易导致无法与他人进行正常的交际、交往，不仅无法建立友好的人际关系，还不利于心理健康发展。

第三节　大学生心理健康教育中心理辅导的重要性

大学生群体是时代先进群体的代表，也是社会前进与发展的中流砥柱，当代大学生能否健康成长、成人与成才影响着社会的发展。近年来，大学生的心理健康备受社会各界关心和关注，同时其心理健康问题也需要得到社会各界的帮助和高校教师们的正确引导。为此，如何解决大学生在校期间所遇到的心理问题，为其提供更好的心理辅导，就显得尤为重要。

心理健康是大学生走向社会、走上工作岗位、发挥自身智力与水平、积极参与社会活动和不断向更高层次发展的重要条件。大学生必须从对父母的依赖中走出来，学会独立自主地学习，学会做人处事，学会尊重他人和与人分享。开展心理辅导，营造一个和谐、轻松、愉快的学习和生活环境，可以让学生在辅导中感受到力量，感受到热情，更能感受到自己的存在。心理素质的好坏，取决于后天的教育与训练，教育对人的心理素质提高有着决定性的作用。开展心理辅导工作是对大学生心理素质教育进行训练的重要途径之一。下面以团体心理辅导为例，探讨心理辅导的重要事项。

开展团体心理辅导，实施素质教育的前提是先要了解和掌握学生心理素质的状态，从而有针对性地开展团体心理辅导，实施相关的计划与方案。以问卷调查方式对学生进行心理健康普查，从中筛选和综合分析在心理健康方面存在症状的学生，开展适合他们的团体活动并对活动中暴露出来的问题进行及时的干预，使学生在出现心理健康问题的早期就能得到正确的引导和帮助。

心理素质的提高离不开相应知识的掌握，同样也离不开学生自我的学习和理解，系统学习心理、卫生、健康等方面的知识有助于增强自我教育的能力。大学生心理素质教育的效果很大程度上取决于学生的自我教育和自我调节，在学生中建立团体心理辅导小组有利于培养学生的自我教育能力。

大学生的健康成长离不开良好的环境，良好的班风、学风会潜移默化地优化学生的心理品质。“丰富多彩的班级文化活动有助于培养学生乐观向上的生活态度和健康愉悦的情绪特征。开展形式多样的班级文体活动同样也能形成健康向上的氛围、宽松理解的环境。”[①]

总而言之，心理健康是大学生掌握文化科学知识的重要保证。有着积极向上的健康心理，不仅能帮助大学生取得好的学习效果，而且有益于其终身发展。在大学生心理教育中，适当的心理辅导对其健康心理的养成能起到重要作用。

---

① 段华庆、江茜:《浅析团体心理辅导对大学生心理健康教育的重要性》,《青年与社会》2014 年第 10 期。

第二章

大学生的自我意识与健全人格

第一节　大学生自我意识及其发展

一、大学生自我意识的形成

自我意识是人类特有的，不过并非与生俱来就有的，而是个体后天在社会环境中与他人进行互动的过程中慢慢形成的。通常而言，大学生主要会通过以下四个方面形成对自己的认识。

- 他人的反馈。一般情况下，别人能够对自己的能力、性格等给出较为清晰的反馈，从他人的评价中，人们可以加强对自身的了解。例如，当老师告诉学生要更加主动、更加勤奋时，学生就可以从中知晓，自己的勤奋度和主动性不足。特别是当不止一个人对你表达相同的看法时，这种看法就会被人们相信，认为你就是这样的人，因此，激励格外重要。
- 反射性的评价。在实际生活中，与自己生活关系并不紧密的人有时无法给出明确的反馈，但人们仍然可以通过对方的态度和反应来了解自己。“镜中我”理论指出，自己感知自身和别人感知自己是一样的，镜子中的“我”和别人眼中的“我”都是感知的“象”。常常以别人的看法为依据来看待自己的过程被称为反射性评价。
- 对自身行为的判断。自我知觉理论认为，在内部线索比较模糊或微弱的情况下，人们会根据外在行为推断自身。例如，学生参加学雷锋、植树等公益活动时，就会认为自身品行高尚。但是大多数时候，人们了解自身的依据还是情绪、想法等内部线索，并且外部行为容易受到压力的影响而更易伪装，因此，内部线索比外在行为更准确。

- 社会的比较。社会比较理论认为，由于人们非常渴望准确地认识自我，因此，在没有明确的标准时，常常会将他人作为比较的标准。大学是一个人人生中十分重要的发展阶段，大学生的人生目标、生活态度和价值观念等都处在形成过程中，社会比较为大学生认识、了解和发展自我提供了重要标尺，同时也是个体认识自我的重要途径。社会比较能够使自我得到优化，然而，社会比较也并非都是积极的，它分为上行、下行和平行三种比较，个体具有不同的目的和动机时，所采用的社会比较策略也不同。

二、大学生自我意识的类型

（一）知、情、意的自我意识

- 大学生“知”的自我意识。知是指自我认知，自我认知是自身从主观方面出发对自身客观性的评价，具体涉及自我观察、自我分析、自我感觉、自我印象和自我评价。一个始终困扰着大学生的问题是“我是一个怎样的人”，自我认知能使这个问题迎刃而解。很多大学生对自己的要求较高，追求完美，设定的目标往往与自身的实际情况不匹配，因此，他们对自身的某些方面不满意。
- 大学生“情”的自我意识。自我体验是大学生以自我认知为前提，从主观出发对自身客观情况的情绪体验。自我体验由自我认知决定，又被自我认知加强，主要体现在“对自我现状是否满意”“是否接纳自己”等方面。自我体验的具体内容包括责任感、荣誉感、优越感和羞耻感等。以往的大学生教育并没有重视学生的自我体验。实际上，自我体验对个人的健康成长至关重要。不同的人对同一件事有不同看法和体验。通过体验的方式得到的自我体验往往都高于通过理性的方式获得的自我体验。

- 大学生“意”的自我意识。自我控制就是通过控制自身的思想、语言和行为实现既定的目标，如自我约束、自我管理和自我激励等，最终实现自我的人生规划。自我意识的最高层次就是自我控制，最主要的部分是“我要做什么，我要成为什么样的人，我要选择什么方法和途径去实现目标”，而自制力是人控制自己的能力。心理学表明，人的自制力与大脑额叶部分的发展有很密切的关系，自制力由自我认知和自我体验决定，大学生能够通过转变自我意识、选择合适的认知角度、积极发挥主观能动性和提升认知能力等方式使自己更加积极主动，从而实现自我欣赏。

自我意识的核心是自我控制。大学生“知”和“行”的自我意识培养不是一朝一夕就能完成的，而是需要花费很长的时间。一些大学生想法很多，但行动却难以跟上，只有加强自我控制才能实现知行合一。

（二）心理、生理、社会的自我意识

- 心理自我是人们对自己的心理品质、性格特点和心理活动的认知、感受和预期，是对思维、记忆、智力、感知、气质、性格和爱好等内容的认知与体验。随着个体的成长和发展，自身的智力、情感、兴趣和能力也随之变化或提高，并逐渐能够适当地评价自己的心理自我并体验心理自我。同时，社会角色也会随着个体的成长和发展而产生，并

逐渐合成主要内容，出现对社会的义务感、责任感并逐渐增长。

- 生理自我是通过个体与其他人沟通交流的过程渐渐学习和形成的，个体通过生理自我将自己和别人进行区分。生理自我包括对个体的身体和容貌、身高、体重等生理状态的认知与体验。生理自我是个体天生的，人生下来生理自我就被决定了，个体无法改变。随着个体的成长和发展，他们会对生理自我形成正确和清楚的认识，但是人生的不同阶段对生理自我的关注度不同。以青春期为例，很多学生更加关注生理自我，男同学往往更关注身高、体型或声音等，女同学往往更关注自己的身材、皮肤和相貌等，这是因为青春期的不确定性，使得青少年通常更关注生理自我。
- 社会自我是人们处理自己和外界客观事物之间关系的认知、感受和预期，具体包括个体对自身所处不同的客观环境和不同的社会关系中的角色、义务、权利、地位等的认知。

心理自我、生理自我和社会自我之间具有紧密的联系，三者之间相互影响，又都涉及不同的自我控制、自我体验和自我认知。每个个体在这三者上的比例分配和各自所占地位都不尽相同，从而导致个体间的自我意识有或大或小的差异，这就塑造了每个人对人、对事不同的看法和感受。

三、大学生自我意识的功能

- 决定个体行为的持续性与目标性。人是一种社会性动物，因此人的行为由很多社会因素决定，但人又具有独立的思想和性格，因此人的行为又与自我意识有着十分紧密的关系。在现实中，每个人的行为不仅与个体所处的情境有关，而且与自我认知和自我意识关系密切。有积极自我意识的学生的学习动机、投入和成绩，都要优于具有消极自我意识的学生。个体如何看待和理解自己决定着个体的行为方式，例如，一些学生在遇到挫折的时候，就可能放松对自己的约束，放纵自己的行为。

- 判定个体对经验的解释。不同的人可能会有相同的经历，并获得相同的经验，但每个人对经验的理解与解释却会出现巨大差异，这是因为解释经验的方式是由一个人的自我意识决定的。例如，认为自己学习能力很一般的学生，在取得很好的成绩后会认为是取得了巨大的成功，成就感和满足感都会很强烈；但如果是自认为学习十分优秀的学生，在面对同样的成绩时，可能只是觉得正常发挥甚至是失败，他的挫折感就会很强烈。因此，当个体具有消极的自我意识时，任何一种经验都可能造成消极的自我评价；当个体具有积极的自我意识时，任何一种经验就都有可能充满积极的意义。
- 影响个体期望水平。自我意识除了影响个体的行为方式、对经验的解释以外，还会在个体对未来的期待方面产生较大影响。“这是因为，个体对自己的期望是在自我意识的基础上发展起来的，并与自我意识是相一致的，其后继的行为也取决于自我意识的性质。”①

四、大学生自我意识的特性

经历青年时期，通过分化与整合，个体的自我意识会在成年时期逐渐形成。经验积累、对人对事的态度、外界的评价、个体在社会中的角色变化、责任承担、义务履行等都会影响自我意识的形成。大学生自我意识的

---

① 赵菊、李燕：《大学生心理健康教育》，武汉大学出版社 2017 年版，第 36 页。

塑造和形成尤为重要。在青年时期，个体的生理和心理变化很大，例如，思维更加发散、更有想象力以及对外界更加敏感，因此，他们更加关注自己，关注自己的内心变化，渴望独立和张扬个性化发展。

在青春期，个人所积累的成功或失败的生活经验影响着自我意识的形成。经历的事情越来越多，积累的经验也越来越多，通过积累成功的经验和吸取失败的教训，对自己正确的做法加以肯定，改正自己的错误，最终形成自我意识。外界的正面和负面评价也影响着个体自我意识的形成。由于大学生的自我意识还没有形成，他们会更加关注外界的评价，也往往会根据外界的评价来衡量自身价值。

总而言之，大学生主要从三个方面关注自身。第一，生理发育。大学生应当花时间和精力来关注自身的身体发育情况和心理需求。第二，人际关系外延。大学生在与他人交往的过程中，会与其他人进行比较，开始关注自己的修养品质和天分能力。第三，随着自我认知的发展，大学生更关注自己做事情的动因和结果，更会思考自己的人生价值。

大学生自我矛盾的加剧促进了自我统一的形成。大学生自我认知的发展和明显的自我分化造成新矛盾的出现，随着经历的事情越来越多，大学生会在思想和行动上变得统一，最终化解矛盾。大学生群体与其他同龄人群体相比，生活阅历和学习经历的特殊性使其自我意识也具有独特性，具体表现为以下三个方面。

（一）时间上的特性

大学生的自我意识在时间上具有延缓偿付期的特点。这种延缓偿付期的特性，具体指有些年轻人在生理和心理上没有做好承担社会义务的准备，他们需要一段时间，或者外界必须给他们一段时间。因此，我们要讨论的心理延缓偿付期，是指对成人承担义务的延缓，然而它又不仅仅是一种延缓。作为大学生，他们可以利用这一段时间触及各种人生、思想、价值观，尝试着进行选择，经过多次尝试、反复循环，从而确定自身的人生观、价值观和职业理想，确立自我同一性，最终融入社会，进而适应社会。

大学生缺乏独立性，生理上并未成熟，经济上依赖父母，未踏入社会的他们在思想上存在滞后性。按照年龄要求，大学生应该具备独立和自立的能力，然而，由于他们主要在校园生活，心理和思想上不具备承担社会责任和义务的能力，存在时间上的滞后性。时间上的滞后性使大学生可以有更多时间思考人生、提升自身能力并树立正确的人生观与价值观。

（二）空间上的特性

大学生的自我意识在空间上的特性主要表现为“自主性”。目前，大学生学习环境的文化背景更加多元，互联网为大学生提供了更广阔的空间、更平等的学习权利和更自由灵活的学习方式。东方文明与西方文明的交融互鉴影响着大学生自我意识的形成和发展。第一，大学生的家庭背景、生活方式、接受的文化以及自我价值与追求均不相同。在生活和学习中，他们相互交流、相互学习、包容互鉴；他们在每次沟通中彼此影响，这有利于新自我的形成。第二，大学具有包容性，汇集了不同的文化。大学生在多种文化体系中学习和生活，必然会受到不同文化的影响，甚至会与自身建立的价值体系发生冲突。大学新生更为明显，他们从以前的文化环境进入崭新的文化环境中，通过提升思考能力和自制力重塑以前的价值观念与文化素养。

（三）发展的不平衡性

大学生的生理和心理状态与社会对他们的要求并不匹配，主观自我与他观自我不统一。尤其是高年级学生更为突出，他们的自主意识较强，然而在工作中，其自我意识往往会受到影响。

大学生的主观自我与他观自我不一致，生理和心理状态与社会要求相比存在滞后性，这些都会影响大学生自我意识的形成。导致不平衡和滞后性的原因包括：第一，大学生的人生观、价值观和世界观尚未形成，受外界的影响较大；第二，大学生的自我意识尚在发展阶段，大学生刚入学和毕业时对同一件事的看法及态度会有很大的差异，大学生在学习、生活和社会磨炼中会形成自我概念；第三，大学生进入大学校园，在新的环境中面对新的同学和集体，必然会出现不平衡和滞后性。

五、大学生自我意识的发展

自我意识的培养是引导主体在社会要求的指导下对客体进行的自我意识教育，是大学生完善自身个性、思考自身价值的重要途径，也是自我意识的最高表现。形成自我意识的基础是全面认识自我。能够正确、全面认识自我的人可以准确、客观地评价自己，也能确立恰当的人生目标并为之努力奋斗。因此，大学生应拓宽生活、学习和交往的范围，积极参加各类校内活动和社会实践，从而找到多种参考系，全方位、多角度地认识自我，做到不卑不亢、不骄不躁、不屈不挠，充分发挥自身优势和智慧，通过自己的努力实现人生价值。大学生可以从以下两个方面着手促进自我意识的发展。

（一）以积极态度认可自我

大学生的自尊心理来自以积极的态度认可自我，自卑心理则来自以消极的态度拒绝自我。自卑者通常都会片面地看待自身缺点并夸大缺点，甚至全盘否定自我的存在价值，这为正确自我意识的形成造成了巨大障碍。对自我的积极认可具体可以表现为以下两个方面。

- 自我评价积极而准确。积极、准确的自我评价是自尊心产生的关键。任何人身上都同时存在优点和缺点，要充分发挥优点，对于缺点也不要灰心。通常情况下，人的缺点分为两种：一种是习惯、性格等方面的，如缺乏毅力等，这是可以改变的；另一种是生理、缺陷方面的，这是很难改变的。无论是哪一种缺点，个体都要勇敢面对，特别是如果存在一些生理上的缺陷，那么就更应该从内在入手，通过提高修养和学问来培养内在美。
- 正确对待挫折和失败。在人的成长过程中，失败在所难免。大学生是受过高等教育的群体，应该正确对待生活和学习中的挫折与失败，不断总结经验教训，快速走出困境，努力提升个人能力，通过奋斗实现人生理想。

（二）努力进行自我完善

自我完善指的是个体在认识、认可自我的基础上，主动自觉地规划目标、调节行为、改造个性，使自身全面发展，从而适应社会的要求。

- 正确树立理想自我。树立正确理想自我的基础是自我认识和认可，此外，要根据个人特点和社会需要来确立发展目标。大学生要树立正确的人生观、价值观和世界观，通过积极的探索来理解人生，从个体与社会的联系中认识人生的意义，努力地完善自我。
- 认真进行自我探究。只有认真地进行自我探究，才能获得自我统一。自我统一是“主体我”和“客体我”的统一，也是自我认识、体验和调控的统一。大学生在追求自我统一的长期过程中，首先要正确分析理想自我，对理想的可行性进行客观判断；其次还要将理想自我与现实自我进行对照；最后制订有针对性的计划，解决理想与现实之间的矛盾，从而获得自我统一。

总而言之，自我意识的培养十分漫长。大学阶段是大学生自我意识培养的最重要时期，因此，正确认识自我意识的特点，对引导大学生全面认识自我、积极接纳自我、努力完善自我具有至关重要的意义。

第二节　大学生健全人格的影响因素与培养途径

一、大学生健全人格的影响因素

塑造和培养良好的人格是个体成长与发展的关键。在一个人的人生发展历程中，许多因素会影响其人格的发展。人格的塑造是先天因素与后天因素共同作用的结果。影响大学生健全人格形成的因素有如下三点。

第一，生物遗传因素。遗传是人格不可缺少的影响因素，但遗传因素对人格的作用程度因人格特征的不同而不同。通常在智力、气质等与生物因素关系紧密的特征上，遗传因素较为重要；而在价值观、信念、性格等与社会因素关系紧密的特征上，后天环境因素更重要。人格发展过程是遗传与环境交互作用的结果，遗传因素影响人格发展方向及形成的难易。

第二，家庭环境因素。父母不同的教养方式造就了具有不同人格特征的孩子。如专制式教养方式容易使孩子形成消极、被动、依赖、服从，做事缺乏主动性，甚至不诚实的人格特征；溺爱式教养方式容易使孩子形成任性、幼稚、独立性差、唯我独尊的人格特征；民主式教养方式则容易使孩子形成一些积极的人格品质，如活泼、快乐、直爽、自立、彬彬有礼、善于交往、富于合作、思想活跃等。

第三，自然物理因素。生态环境、气候条件、空间拥挤程度等物理因素都会影响到人格的形成和发展。对于自然物理环境的作用可以总结为：自然环境对人格不起决定性影响作用，更多地表现为一时性的影响；自然环境对特定行为具有一定的解释作用。在不同的物理环境中，人可以表现出不同的行为特点。

二、大学生健全人格的培养途径

大学阶段是优化人格的最佳时期。一方面，大学生具备了成熟的自我意识，能准确认识自己人格中的长处和不足，有着很强的优化自身人格特点的需要；另一方面，大学生具有良好的自我管理、自我约束的能力，能够主动采取行动，不断完善人格。在大学毕业后，人格品质相对成型，人格特点趋于稳定，人格的可塑性降低，人格的优化将成为困难的事。因此，大学生应抓住人格完善的关键期，积极主动塑造完美的人格品质。

塑造健全的人格有三个途径，即早期教育，学校、家庭、社会协同教育，自我教育和终身教育，其中自我教育和终身教育是大学生塑造健全人格的根本途径。大学生塑造健全人格的主要途径有以下方面。

第一，认识自我，优化人格整合。认识自我是改变自我的开始，为了有效地进行人格塑造，大学生应该首先充分了解自己的人格状况，明确人格塑造的目标、内容、途径和方法。人格塑造就是为了优化人格整合，以达到人格的健全。整合是要使人格的各个方面逐渐由最初的互补相关，发展到一种和谐一致的状态的过程。优化的过程即选择某些优良的人格特征作为自己努力的目标，同时纠正自己人格上的缺点和弱点。

第二，努力学习科学文化知识。智慧是人格的基本要素之一，学习知识、增长智慧的过程就是人格优化的过程。现实中不少人格的缺陷都是源于知识的匮乏。

第三，从小事做起，培养坚强的意志。人格的塑造是一个艰苦而漫长的过程，因此，健全人格的形成要从眼前的每一件小事做起。一个人的所言所行往往是其人格的外化，反之，一个人的日常言行积淀为习惯后就形成了人格。诸如，一个人的坚韧、毅力、细致，乃至开朗、热情、乐观等健康人格特征都是长期磨炼的结果。

第四，锻炼身体，强壮体魄。人格发展的过程是体质、心理因素与智力因素协同作用并相互促进的过程，健康的体质是健康人格发展的物质基础。一个体弱多病的人是难以发展出健康人格的，拖拉、懒惰、急躁、懦弱等人格发展缺陷与缺乏体育锻炼明显有关。

第五，与人坦率相处。保持自然纯真的自我，让别人看到自己的长处和短处，也让别人分享自己的快乐和痛苦。另外，能将内心向重视自己的人敞开是性格健全的重要特征。同时，要拥有健康的性格，向别人开放自己的内心是最好的办法，所以，健全人格的有效途径是多与他人沟通意见，对别人袒露自己的内心。

第六，防止“过犹不及”。个体在人格塑造过程中应把握辩证思维，掌握好度，否则就会过犹不及，适得其反。具体而言，应该自信而不自负，自谦而不自卑，稳重而不多疑，忠厚而不愚昧等。度的把握还表现在不同的人格特质要协调发展上，这样才能形成合理、和谐的人格结构。

第三节　大学生人格的发展及维护

一、大学生人格的发展与结构

“人格”是人们日常生活中经常使用的词语，人格可定义为一个简单易懂的概念：人格是构成大学生思想、情感及行为的特有模式，这个独特模式包含了大学生区别于他人的稳定而统一的心理品质。对于这个定义，可以从两个方面来理解。第一，人格是大学生的心理行为模式。换言之，人格是由内在的心理特征与外部的行为方式构成的，它不仅是单一的心理特征和行为模式，而且是这些心理特征和行为模式相互作用而形成的有一定组织和层次结构的模式。第二，人格不是生来就有的，而是在先天遗传因素的基础上通过后天环境的相互作用形成的。遗传因素是人格形成的重要基础和必要条件，而后天环境使遗传的作用得以发挥。而且，两者的相互作用不是简单相加，而是复杂的相互制约、相互作用，它们共同影响着人格的形成和发展。

（一）人格的发展特性

- 整体性。人格是人的全面的心理面貌，是统一的整体结构。它由多种特质组成一个有机整体，相互制约、相互联系，容易受到自我意识的控制，有着内在一致性的特点。但如果这些特质出现开裂，人格的整体性丢失，那么便不能将外界经验整合到自身的人格结构中，同时，特质之间也不能实现整合统一，其中，极端的代表就是精神分裂症。

- 独特性。世界上不会有两个人格特征完全相同的人，大学生的人格是在遗传、环境、教育等先后天因素的交互作用下形成的。即使是同卵双生子，他们的心理面貌也不会完全相同。
- 稳定性。人格特征一旦形成就相对稳定，但是个体在行为中偶然表现出来的心理倾向和心理特征并不能代表他的人格。例如，一个处事稳重的人偶然表现出轻率的举动，不能由此说他具有轻率的人格特征。正因为人格具有稳定性，才会有人与人之间心理上的差异，人们才能根据各人不同的人格特征，把一个人与另一个人区分开来。
- 生物性。人格的形成和发展不仅受生物因素的制约，而且受社会因素的制约。生物因素主要指神经系统活动的特点、遗传的生理解剖特点等。生物因素虽然不能预定人格的发展方向，却是人格形成的基础，给人格发展提供可能性。
- 社会性。人在出生之时只是一个生物学意义上的个体，出生也意味着从一个简单的生理环境进入了一个复杂的社会环境之中，因此我们要掌握所处社会的行为道德规范、价值观念、信念体系、社会风俗等。如果离开了人类的社会生活，人的正常心理就无法形成和发展，社会生活条件对人格的形成和发展会起到决定性的作用。

（二）人格的结构系统

人格是由不同成分构成的一个结构系统，这些成分从不同侧面反映了人格的差异。人格结构系统包括气质、性格、自我调控三个方面。

1. 气质

气质（temperament）这一概念与人们平时说的“脾气”“秉性”“性情”相似。“气质是指人生来就有的、典型的、表现在心理活动的强度、速度、稳定性和指向性等方面的稳定的心理特征。”[①]人的气质差异是先天形成的，并受神经系统活动过程的特性所制约。

气质在不同情境、不同活动中都会表现出来，而气质特点的不同组合就构成了气质类型。心理学上把气质划分为四种类型：胆汁质、多血质、黏液质、抑郁质。关于气质的类型，不同的心理学家有不同的分类方法。心理学家通常认为人体有四种体液：血液、黏液、黄胆汁、黑胆汁。这四种体液的组合形成了人的气质，即血液占优势称为多血质，黏液占优势称为黏液质，黄胆汁占优势称为胆汁质，黑胆汁占优势称为抑郁质。

- 多血质。多血质的人活泼、好动、乐观、灵活。这种人思维灵活，行动敏捷，富有朝气，对各种环境的适应力强，情绪丰富且外露，喜怒哀乐皆形于色。但是他们做事往往缺乏耐心和毅力，稳定性差。
- 黏液质。黏液质的人安静沉稳，喜欢沉思，表情平淡，情绪不易外露，但内心情绪体验深刻。这种人自制力很强，不怕困难，忍耐力强，外柔内刚。他们虽然思维灵活性略差，但考虑问题细致周到；虽然学习接受慢，但却脚踏实地；虽然交往的朋友数量少，但却常有知心朋友。
- 胆汁质。胆汁质的人精力旺盛，做事勇敢果断，为人热情直率。但这种人做事急躁，情绪爆发快且难持久，容易冲动，遇事常欠思考。
- 抑郁质。抑郁质的人主导心境消极忧郁、多愁善感，情绪体验深刻，细腻而持久。他们聪明且富有想象力，自制力强，注重内心世界，不善交际，软弱胆小，做事优柔寡断。

---

① 张冬梅、谷丹主编：《大学生心理健康教育》，北京邮电大学出版社 2018 年版，第 120 页。

以上四种气质显示了人们四季般的天性。事实上，单纯属于这四种典型气质之一的人并不多，在生活中多数人是四种气质互相混合、渗透、兼而有之的。此外，气质是人的天性，并无好坏之分，每种气质都有其利弊。气质并没有社会道德评价含义，因此不能决定人的社会价值。任何气质的人，既可能成为具有杰出才华的人，也可能成为平庸无为的人。

2. 性格

性格指大学生的行为方式和对现实的态度，从中表现出坚固的心理特征，它是一种与社会密切相关的人格特征。性格体现在人的行为举止中，同时，体现了人们对周围世界和现实的态度。相较于气质而言，性格有好坏之分，但没有天赋性可言，性格是在后天的环境中潜移默化而形成的，与人的三观息息相关。所以，性格是有好坏之别的，它体现了一定的道德性和社会性。如助人为乐、热爱祖国、诚实守信、见义勇为、廉洁奉公等体现了好的性格品质，而自私自利、唯利是图、冷酷无情等都体现了不良的性格品质。

3. 自我调控

人格中的内控系统则是自我调控。拥有自我控制、自我体验、自我认知三个子系统。自我调控的核心是对人格的各个部分进行统一控制，以保证人格的统一、和谐与完整。

- 自我认知是对自身的理解、洞察，其中包括自我评价、自我观察。自我评价指对自身的行为、期望、想法以及人格特征的评估和判断；自我观察则是指对自身的意向、所思所想和感知的觉察。自我调控的基础是自我认知。如果大学生不能够有正确的自我认知，就不能对自身有准确的自我调控。例如，人过高地评价自己，就会盲目自信与自大；反之，如若只看到自身的不足，就会产生自卑心理。

- 自我体验是跟随自我认知而产生的内心体验，同时，也是自我意识在情感上的体现。譬如，人们对自身做出消极评价时会产生自卑感，反之，做出积极评价时则会形成自尊感。
- 自我控制是完成自我意识调配作用的最后步骤，同时，也是自我意识在行为上的体现。譬如，当大学生认识到学习对自身的发展有着重要作用的时候，他们在行为上就会体现出坚持不懈的状态。

二、大学生人格的塑造与维护

（一）树立科学的人生观

人生观是个体对人生的目的、意义和道路的根本看法与态度，包括幸福观、生死观、荣辱观等。在人生旅程中，人生观是人们行动的指路人和调节者。有怎样的人生观，便会有怎样的言语和行动。个体一旦形成正确的人生观，就会有明确的人生目标和坚强的拼搏斗志，会能动地认识和改造世界，其主观世界也会得到改造。当大学生知道了如何做人，便能客观准确地评价他人、他事和自己，心理有正确的反应，人格也会朝着更加健康的方向发展。

人格优化和塑造的过程也受到知识学习过程的影响。其实，缺乏科学知识的人通常最容易出现人格问题，而富有知识的人大都自信、坚强、谦逊、理智。人格能否健康发展在很大程度上受到知识水平的影响。但是，现在很多理工科的大学生比较缺乏人文知识，而文科生的科学文化素养不高，这会使人格发展不平衡，因此大学生需要有意识地弥补和修复这种局限。

（二）掌握自我调适的方法

大学生要塑造健康人格，必须掌握一些自我调适的方法，主要有自我分析、自我评价、自我教育三种。

- 自我分析：分析自己人格结构的优势和不足，分析要做到客观，恰到好处，保持一种比较合乎实际的水平。
- 自我评价：客观地评价自己的人格和行为表现，做到有自知之明。
- 自我教育：经常反思自己的思想、行为，总结优点，发现缺点，要经常自我提醒、自我警戒、自我约束，有意识地进行自我磨炼，锻炼意志品质。

（三）培养良好的行为习惯

习惯的养成最终会成为个人人格的一部分。习惯的保持并不需要付出很多自制力，但习惯的养成却需要付出许多努力，因为人们极容易退回到原来的习惯中去。养成新习惯最好的做法是一旦确定了新习惯的行为要求之后，就不要再犹豫，马上开始行动。刚开始可能并不容易，但是在坚持了 21~30 天时，一种新的习惯就可以固定下来。大学生养成新习惯有以下两种方法。

- 找准目标，集中精神去做。最主要的是坚定自己的信念，并不断预见积极的成果。这样才能增强勇气，找到自信，并下定决心、充满动力地坚持到将习惯固定下来。
- 制订周密的计划并坚决完成这些计划。这样可以将自己的思想提高到一个新的水平。

通过人际沟通，个体可以获得一个深入认知自我的机会。交流应尽可能地扩大范围、层次和领域，为健康人格的形成构建一个平台，因为拥有健康人格的人能面对现实、适应环境，能保持和谐的人际关系。在人与人的交往中，保持积极的态度多于消极的态度。在需要的满足中激发进取的力量和信心，发展自我价值感。这样，个体就会在交往中培育富有朝气、团结奋进的乐观品格。

健康人格是人的整体的重要组成部分，又是社会和谐的基础与载体。健康人格的培养和塑造既是大学生成长发展的要求，也是时代的呼唤。但健康人格的培养不是一朝一夕的事情，需要坚持不懈的努力，有些改变可以受自己的控制，而有些不能。所以最好先进行充分的准备，尽可能多地去了解哪些是能够改变的，以及该如何去实施这种改变。改变并不是一件容易的事，且往往比预期难得多。有勇气改变能加以改变的，平静地接受改变不了的，智者能分辨出这两者的区别。生活是一个长期改变的过程。

第三章

大学生情绪的调节与管理

第一节　情绪对大学生的影响

一、情绪对大学生身心健康的影响

情绪会直接影响人的身体和心理健康。积极向上、乐观愉悦的正面情绪对身心发展大有裨益，不但会激活和增强人体免疫功能，增加身体对疾病的抵抗力，延缓衰老，使身体保持健康状态；而且会使人对生活始终抱有热情和希望，拥有强烈的自信心、好奇心和求知欲，思维敏捷，反应迅速，善于创新，勇于尝试，性格积极外向，能与人保持良好沟通和交流等，进而会有效激发自身潜能，提升各项技能和能力，促进身心全面、健康发展。而紧张焦虑、痛苦失落等负面情绪对人的身心发展伤害较大，如果长期陷入负面情绪无法自拔，不但会降低人体免疫力，容易生病，带来一系列身体健康问题；而且不利于日常学习和生活，甚至会出现严重心理疾病，危害个体发展。

二、情绪对大学生学习生活的影响

情绪会影响大学生的潜能开发和学习效率、质量等。良好的情绪会极大激发学生的积极性和好奇心，让学生敢于、乐于参与各种学习和实践活动，并且能较为长久、专注地坚持下来，从而有利于活跃思维、拓展思路、提升想象力和创造力、提高学习和实践能力。因为轻松愉快、放松舒畅、适度紧张的情绪能最大程度地调动人的思维，充分发挥创新能力，这也是智力活动的基础条件之一。在研究分析情绪对学习成绩的影响程度时，通常会把焦虑程度看作自变量，把学习成绩看作因变量，再利用自我评价和测定生理反应的方法来进行对比研究和分析。两者之间的关系呈倒U形发展趋势，即适度的焦虑有助于学习成绩的提高，而过高、过低的焦虑都对学习有一定的消极影响。

三、情绪对大学生人际关系的影响

拥有乐观向上、热情亲和、自信开朗等良好情绪的大学生通常更容易与他人融洽相处，并能快速建立起良好、亲近的人际关系。而有自卑易怒、恐惧怯懦、冷漠压抑等消极情绪的大学生则很难建立起良好的人际关系，通常会给人难以亲近、无法交流的感觉。因为情绪存在强烈的相互感染性，所以经常保持积极稳定、阳光开朗等良好情绪的大学生通常更受群体青睐和喜爱，会不由自主地让人产生亲近之意，从而获得良好的人际关系。因此，“大学生在人际交往中，注重提高自身修养，学会适度控制与调适自己的情绪，做情绪的主人，才能拥有良好的人际关系”[①]。

四、情绪对大学生行为目标的影响

积极正面的情绪通常会产生健康向上的行为。例如，当大学生的情绪处于轻松愉快、娴静舒适等良好状态时，与之相应的行为目标也会变得积

---

① 赵菊、李燕主编：《大学生心理健康教育》，武汉大学出版社2017年版，第147页。

极向上，如乐于勇敢接受新事物、对他人宽容理解、具有远大抱负和奉献精神等。当情绪处于愤怒焦虑、压抑失落等消极状态时，有些学生会及时进行有效的自我调节和控制，尽快消除负面情绪，吸取经验和教训，朝着积极正面的行为目标出发。但是也有部分学生会陷入这种消极情绪中无法自拔，对新鲜的刺激毫无兴趣和反应，进而越陷越深，出现严重心理问题。因此，大学生在日常生活中要不断培养和提升自己的情绪自控和管理能力，及时引导负面情绪向正面情绪转变，进而产生并长期保持积极向上、乐于奉献的行为目标。

第二节　大学生挫折情绪的调试管理

一、大学生挫折情绪及调试

挫折情绪一般包括三个方面：挫折情境，即阻碍实现目标的各种主观、客观因素，这种情境状态既可能是实际遭遇的，也可能是想象中的；挫折认知，即对实际遭遇的或想象中的挫折情境的认识和评价——换言之，如果在现实目标过程中，客观上有阻碍存在，但是在主观上并无知觉，也不会产生挫折感；挫折反应，即需要不能得到满足时所产生的情绪和行为反应，如愤怒、焦虑、躲避等。

挫折情绪指的是因为障碍的存在且无法克服而使得目标没有办法实现、需求没有办法满足时，人的身体当中产生的紧张情绪、失落情绪或者焦虑情绪。现实生活中的个体都有自己的人生课题，这些题目的解答通常是比较复杂的，经常会遇到诸多困难。个体在完成自己的人生目标时，做出动力性行为之后遇到的结果可能是不同的。具体来讲，可以分成三种：首先，不需要付出特别多的努力便可以完成的目标，此时人会发现需求的满足是相对容易的；其次，目标完成过程当中会遇到一些障碍，但是经过努力之后可以克服这些障碍，最终实现目标；最后，遇到了一定的障碍，通过努力之后障碍没有办法跨越，目标因此没有办法实现。如果遇到了最后一种情况，那么就是遇到了心理学当中的挫折。

（一）大学生挫折情绪的产生原因

人们产生的任何心理挫折情绪都与其当时所处的情境有关。构成挫折情境的因素是多种多样的，主要包括主观原因和客观原因。

1. 主观原因

- 个体生理条件。个体因生理因素如体力、外貌、健康以及某些生理缺陷带来的限制，导致其行动失败，无法实现既定目标。
- 认知模式。任何心理问题和心理障碍都是有认知根源的，不健康的心理常常源于不健康的认知。所知决定所感，所感决定所行，感受与行为往往是显露在外的，人们很容易就能捕捉到。而认知是内隐的，它决定着人们的行为却不为人们所察觉，这也是挫折心理难以克服的重要因素之一。
- 人格特征。通常情况下，如果人格特征当中有一部分缺陷，那么，会认为生活处于消极状态，人也比较悲观，所以，更容易出现挫折心理。举例来说，性格相对内向的大学生，他们在交往过程中对人际关系就比较敏感，他人做出的不经意的动作或者是说出的不经意的话语就可能使他们悲伤、抑郁，如果情况特别严重，还可能导致他们对人际交往产生恐惧，不愿意参与人际交往活动。

- 动机冲突。在现实生活中，人们有各种各样的需要，常常会因为多种需要而产生多个动机，分别指向多个目标。当这些并存的动机之间是排斥的，或者由于种种原因不能全部实现而需要有所取舍的时候，就形成了动机冲突。动机冲突常常导致部分需要不能满足，目标不能实现，于是就造成了挫折。动机冲突也是构成挫折的个人因素的一个方面。动机冲突在我们的生活中是经常出现的，也是大学生的重要挫折源。

2. 客观原因

- 自然环境因素。具体来讲，它指的是人没有办法控制的客观因素。比如突发事故、疾病、暴雨、干旱、地震等，如果大学生经历了疾病的折磨或者家庭突然受到了自然灾害带来的严重影响，那么就容易出现挫折感。
- 学校环境因素。大学生从高考到入校后的两三年中，普遍存在挫折感，且部分学生曾受到三次以上的挫折，主要涉及学习目标、政治目标（入党、评优等）及经济自主等，这些挫折的产生除了和学生自身因素密切相关之外，一个不可忽视的影响因素就是学校环境，主要是学习环境、学校管理制度及方式、教师的职业道德与业务能力、班级的氛围等。
- 家庭因素。大学生在成长过程中一定会受到来自家庭因素的影响，比如家庭自然结构、人际关系、教育方式、抚养方式、家长自身素质等，这些因素可能会产生直接影响，也可能会产生间接影响。除此之外，一个家庭的经济状况也会影响大学生的心理。如果家庭比较贫困，那么大学生在学习和生活中就可能会承受更大的压力，生活上的经济压力为其学业发展和个人发展带来的影响会使他们的心理产生更多的矛盾，也会使他们滋生挫败感。

（二）大学生挫折情绪的影响因素

- 动机或者需要的强度。如果需要强度比较高，人就会获得更为强烈的动机感，在这样的情况下，受到阻碍之后也会产生更为强烈的挫折感。
- 自我期望值。如果个体对自我的期望比自己实际的能力水平要高，那么，当个体对自己的期待目标没有办法实现的时候就会感觉到特别强烈的挫折感。具体来讲，可以分成三种情况：期望值绝对化，即对自己要求过高，不允许自己失败；过分概括化，即以偏概全，以点概面，即使是喜忧参半的事情，看到的也只是消极的一面；悲观引申，即某一方面失败了，就把自己全盘否定了。
- 归因不当。当个体去解释某一种行为或者推测某一个行为产生的原因时，对原因的总结是不恰当的，此时就容易产生挫折感。举例来说，有一些同学在评奖评优过程中没有达到自己的目标，因此，把自己和其他同学进行横向比较，此时就容易因为归因不当而产生强烈的挫折感。
- 个人抱负水平高低的影响。当个人对自己要达到的目标制定了比较高的标准时，也就是抱负水平比较高的时候，那么，在达成目标的过程中，一个人就相对更容易产生挫折感。

（三）大学生挫折情绪的类型划分

大学生的挫折情绪，可以分为以下五种。

- 学业挫折。学业挫折是因为学习上的失败或失误而给学生造成的一种心理障碍。学业挫折是大学生挫折心理中比较常见、表现比较突出的一种挫折类型。有的学生对于自己所学的专业不感兴趣，学习的动力不足，学习的目标不明确；有的学生因为参加各种团体组织，对于学习和其他活动的关系处理失当，无法合理地分配学习的时间；有的学生盲目参加各种社会实践活动，虽然增加了自己的社会阅历，却导致学习成绩下降。
- 生活挫折。大学生刚刚脱离了父母，开始独立的生活，而且大家来自不同的地区和家庭，家庭情况、经济状况、求学经历、生活阅历，甚至地方文化都有所不同，遭遇的生活问题与挫折也不相同。
- 人际交往挫折。大学生普遍具有强烈的交往意识，重视人际交往，珍视友谊。但是，不同的个体，他们的成长环境不同，来自不同的地区，家庭经济条件不同，养成的学习习惯、交往习惯不同，兴趣爱好也存在差异。所以，有的大学生是比较开朗的，有的大学生就是比较内向的，还有的人把自己当成交往中心，也有的人愿意打开自己的心扉去帮助别人。这些性格迥异的同学生活在同一个集体当中，想要建立友谊，必然要彼此了解，在此过程中，也有可能因为兴趣爱好的不同、观点的不同引发各种交往问题。
- 健康挫折。健康挫折指由于生理的疾病造成目标不能得到满足时而产生的挫折感。健康的身体是人们生活的基础。有的同学由于体弱多病或者身体有某种残疾，从而产生了自卑心理，自我封闭，断绝与他人的交往，或者在交往中不自信，因而感到痛苦，并影响自尊心，使心理受挫。

- 就业挫折。随着高校毕业生的日益增加，大学生的就业形势日趋严峻，很多大学生在就业过程中体验到了就业挫折。比如有的人不能正确评价自己，缺乏自信，瞻前顾后，没有主见；而有的人却盲目自大，过于自信，结果造成高不成、低不就。这些都容易让大学生产生挫折心理。

此外，在个人的兴趣和愿望方面，大学生会因为个人的兴趣和爱好得不到家人的支持而受到限制和责备，或是因为生理的条件不能达到自己的愿望，这些都容易产生挫折感。在自我尊重方面，大学生会因得不到教师和同学的信任，或自认为表现很好却没能评上优秀或获奖，自认为有才能却没被选上班干部等，也容易产生挫折感。

（四）大学生挫折情绪反应与表现

1. 挫折情绪反应的差异

由于自身因素的影响，在同样的条件下，不同个体对于挫折情绪的认识具有不同的特点。有人认为挫折是对自身的考验。同时，挫折反映在行为强度上也存在不同。有人意志坚强，越挫越勇；有人意志薄弱，一蹶不振。另外，挫折反映在时间上也有不同。挫折情绪反应的差异通常由以下三个因素引发。

- 个体的抱负水平。抱负水平指个体对自己要求达到的目标所规定的标准。个体的自我抱负水平高，挫折感体验较强。个体的抱负水平来自内在的成就动机，成就动机强的个体对未来的期待很高，可以直面挫折，忍受挫折带来的痛苦。

- 个体的挫折经历。挫折经历增加了挫折耐受力，会对同等强度的挫折反应产生影响。一个遭受过挫折的个体，会在认知和行为上降低同等挫折的伤害水平。
- 个体的挫折耐受力。个体的挫折耐受力决定了个体的挫折反应，有的人挫折耐受力强，有的人挫折耐受力弱。意志品质强的个体往往对挫折的耐受力较高，有时他们会通过主动引入挫折来提升自己对挫折的耐受力。

2. 挫折情绪的行为表现

挫折情绪会产生各种各样的反应，如果长期处于挫折情境或遭遇挫折事件，个体必定形成心理压力，进而引发生理和情绪上的变化。在受到挫折后，个人会在情绪上表现出消极、愤懑、悲观甚至绝望；在身体上，会表现出血压升高、心跳加速、胃酸分泌减少、各种形式的溃疡等问题。挫折情绪的行为表现主要包括以下四种。

- 攻击行为。挫折 - 攻击假说认为，任何挫折必然导致攻击行为。实际上，两者之间并不存在必然的因果联系，攻击只是挫折反应的一种。攻击通常包括两种类型：直接攻击，将引发挫折的人或物作为攻击对象；转向攻击，即在无法直接攻击引发挫折的对象时，转而对“他人”加以打击。
- 倒退行为。退化是个体防御机制的一种，指人们在受到挫折时所表现出的与自己年龄或身份不相称的幼稚行为，主要包括盲目轻信、固执和逆反。
- 妥协行为。妥协是对挫折的折中反应，用来消除心理上的不平衡感，主要包括：自我安慰，个体遭遇挫折后，找出种种理由进行自我辩解；自我整饰，个体在遭遇挫折后，不将内心的焦虑、烦恼表现于外，而是将挫折心态深藏于内；成因推诿，即个体把挫折的原因归于外部，以降低自身体验到的心理压力。

- 积极行为。挫折的经历将有助于个体对挫折的应对，有时候，消极地坐以待毙并不符合个体的发展要求，因此，对挫折的应对还包括理智性反应。主要有：升华，将痛苦转化为动力，通过不断努力来应对挫折；补偿，一个目标受挫，就选择另一个目标作为努力的方向；改变，当发现目标难以实现后，主动降低目标和抱负水平，或重新选择达到目标的方法。

（五）大学生挫折情绪的调试方法

生活中的失败、挫折是不可避免的，适度的挫折也具有一定的积极意义，可以帮助人们驱走惰性，促使人奋进。挫折情绪对大学生成长和成才具有积极的作用，具体体现在两个方面：其一，挫折情绪可以帮助我们成长。人成长的过程同时也是适应社会的过程，如果适应得好，就觉得宽心、和谐；如果不适应，就会觉得失意。其二，挫折情绪可以增强意志力。生活中的挫折和磨难能使人受到考验，使人变得坚强起来。挫折在给人以打击、带来损失和痛苦的同时，还能使人奋起、成熟并从中得到锻炼。

大学生调适挫折情绪，首先要正确面对、认识挫折，然后再正确对待挫折。

1. 正确认识挫折

大学生想要战胜挫折，必须对挫折有正确的认识。

第一，改正之前的错误认知。大学对于一个人的发展来讲至关重要，大学生活是紧张的，也充满了很多竞争，所以，大学生活当中可能会遇到很多的生活挫折、学习挫折或人际交往挫折。研究发现，能够使大学生产生挫折感的主要原因，是他们对挫折的看法以及他们在遇到挫折之后采取的相关行为。举例来说，大学生可能会把根本不是挫折的行为看成挫折。所以，如果想要解决挫折问题，就必须建立对挫折的正确认知，改变之前那些不正确的想法。

第二，正确认识失败。刚刚步入大学的学生对失败这个词比较敏感，遇到了挫折或者失败，他们会有一种畏惧心理，所以，应该让大学生正确看待失败。通常情况下，人们会认为没有实现目标就是失败，或者不成功就等于失败。但是，这种对失败的认知并不正确，也不科学。因为人在完成某一个目标的过程中，大多数情况下都不可能一次完成，也不可能把一件事情做得尽善尽美，通常都需要多次尝试、优化，才能达到最终的完美要求。在这个过程当中，经历的每一次失败都是真正获得成功之前的经验累积，下一次的尝试才更有可能获得成功。所以，大学生应该正确看待遇到的失败或者挫折，不应该过于害怕失败或担心失败。

2. 科学对待挫折

在对挫折有了正确的认知之后，大学生应该学习如何使用正确的方法去应对挫折、解决挫折。

（1）避免错误行为

- 应该尽可能地避免生气或者愤怒，在面对生活当中的事情时，应该保持冷静，从理智的角度对事情进行分析，并且要正确地看待出现挫折的事情，然后寻找解决困难的具体方法。
- 避免自暴自弃。在大学生活中，每个人肯定都会遇到一些挫折，作为青年一代，大学生们应该以勇气去面对这些挫折，可以寻求家长、学校、老师甚至同学的帮助，正确地看待这些挫折，然后解决挫折。

（2）用正确的方法应对挫折

- 确定正确的发展目标。人和动物是不一样的，人需要在社会当中活动，人的发展离不开社会，所以，人的活动也是有目的的，会在有意识的情况下开展各种各样的活动。如果个体确定了一个目标，那么，他之后的行为就会有动力，也会更加积极，会不断地鼓励自己不要畏惧困难。当遇到挫折的时候，他也会积极地寻求解决办法，也就是说，确定了目标之后，人就会产生内在的行为动力，也会因为身处社会当中而把社会责任感当作自己的行为动力。
- 灵活应对遇到的挫折。大学生在日常生活学习过程当中一定会遇到一些失败，此时要灵活转变自己的注意力。比如可以及时地改变自己最近的目标，让自己关注一些别的方向，以减少挫折感带来的不良影响。
- 训练自己的挫折容忍力。挫折容忍力指的是遇到挫折之后不会因为挫折带来的影响而让行为不正常的能力，也就是一个人能够忍受环境打击的能力。通常情况下，如果一个人的挫折容忍力比较低，那么当他遇到一点小小的困难时就容易陷入悲观状态；如果挫折容忍力比较高，那么即使遇到了较大的困难也能够保持心理平衡。
- 建设友好的人际关系。友情可以给一个人的发展带来巨大的力量，朋友的认可与关心也是一个人成长道路上必不可少的因素。在应对挫折的过程当中，也需要友好的人际关系提供支持。如果一个人在生活当中遇到了挫折，朋友能够给予一定的关心、一定的鼓励，那么挫折对个人的影响就会降低，个人也会更好地面对挫折，有更高的挫折容忍力。

- 主动获取心理咨询。当下很多高校都有心理咨询中心，其主要工作就是为大学生解决生活、学习、情感等方面的心理问题。当大学生因为挫折的出现而情绪焦虑和恐惧时，那么他们就可以主动寻求心理咨询工作人员的帮助。心理咨询师也能够从专业角度为学生提供一些治疗方法。除此之外，学生在向心理工作人员倾诉自己的恐惧、自己的焦虑时，也能够让情感得到发泄，可以让心理承受的压力更小一些。

二、大学生挫折情绪管理策略

大学生进行挫折情绪管理的时候，要注重提高自己的心理韧性。在遇到挫折的时候，人的表现主要有三种：首先，可以韧性重组，有效地提高自己的心理素质，并且完成自己设定的目标；其次，有些人可以平衡重组，也就是一边承受压力一边保持自己的心理平衡；最后，也有一部分人会进入损失性重组，在这样的模式当中，人的心理素质会一点一点地变差，更有甚者会进入失衡性重组状态。因此想要更好地面对挫折，更好地承受挫折带来的压力，就需要注重提高自身的心理韧性。具体来讲，可供大学生使用的策略主要有以下五个。

（一）唤醒自身危机意识

困境能够使人实现自我成长。教育工作者应该让大学生感受困境，培养他们的危机意识。在危机意识的刺激下，大学生会积极进步、努力进取。从这一点来看，危机意识是大学生成长过程中的良师益友，具体来讲，危机意识的唤醒需要考虑以下几个方面的内容。

- 量力而行。让大学生感受挫折、唤起他们的危机意识必须考虑大学生当前的心理承受能力以及他们的认知能力，在为大学生引入困境的时候，不能过重，但是，也不能太过轻微，否则没有办法引起他们的关注。当大学生发现自身遇到困境之后，教师应该引导他们掌握摆脱困境的方法，以便他们以后遇到困境的时候不会惊慌失措。

- 接纳困境。要让大学生意识到困境是人们在发展过程当中必须经历的事情，并且要让大学生了解自己在困境当中表现出来的缺点，引导大学生不断地提高自我能力，不断地坚定自己的信念，注重锻炼自己的意志，这也有助于大学生未来的发展。
- 发挥榜样的积极力量。很多人在成长过程当中经历了许多磨难，特别是前辈英烈，他们始终艰苦奋斗，甚至牺牲自己的生命。他们都是大学生成长过程当中的鲜明榜样，教师可以通过分享这些革命事迹和励志人物让大学生意识到事物的发展必然是曲折前进的，让他们正确理解挫折。
- 让大学生意识到自己的不足之处。教师可以在适当的情况下指明大学生当前存在哪些不足之处，让他们想办法去克服，从而不断地提升自我能力。

（二）有意识地经历挫折

引导大学生经历挫折的洗礼，可以让他们建立起自己的心理免疫系统，也能够提升其心理承受能力。心理防御系统和生理免疫系统类似，都可以抵御外界不良因素的侵扰，当个体建立起心理防御系统之后，能够在一定程度上避免一些失败带来的挫折感对个体产生的不良影响，也能够让个体在一定范围之内承受一些心理压力。要让大学生建立起勇于克服困难的信心，面对困难的时候更有勇气。建立起心理防御系统之后，大学生在碰到挫折时就不会那么惊慌，也不会被轻易地击倒。但是，教师在引导他们经历挫折教育的时候，给予的压力或挫折一定要适当，不能超越他们当前的承受能力，而且作为教育的一种，挫折教育也要遵循教育原则。

（三）提高自我效能感

自我效能感可以有效地保护心理韧性。因此，心理教育应该为大学生提供参与社会实践的机会，让他们可以在社会实践当中锻炼自己的才能。如果大学生能在社会实践活动当中获得成功，那么，大学生的自我效能感就会有明显的提升，心理韧性也会变得更强。

举例来说，可以举行“我是、我有、我能”的主题训练。“我是”可以让个体更加清楚地认知自我，感觉自我态度、自我信念；“我有”可以让个体知道自己拥有哪些内部资源、哪些外部资源，可以让个体有更强烈的安全感；“我能”可以让个体知道自己有哪些技术、哪些能力，可以解决哪些问题等。

（四）应对方式干预训练

在大学生心理韧性发展过程中也可以使用积极的应对方式来保护心理韧性。学生之前应对挫折时不恰当的方式或者消极的方式可以通过应对方式干预训练来改变，在应对方式干预训练过程中，大学生可以慢慢地塑造出稳定的、积极的心理品质。

应对方式干预训练主要包括以下五个方面的主题内容：认知重建训练，能够让大学生正确认识压力改变之前的错误观念，并且可以指导大学生积极地去寻找减轻压力的方式；情绪管理训练，可以帮助大学生认识情绪和认知之间的关系，可以让大学生通过情绪调节的方式去应对负面情绪，减少挫折带来的不良影响；行为应对训练，可以让大学生采取有效的行为来应对挫折；个体应对资源开发训练，可以让大学生意识到自己的优势，在处理问题的过程中可以更加灵活地应对各种问题；社会应对资源开发训练，可以让大学生利用社会当中的有效资源为自己获取社会支持。

（五）扩大社会支持网络

社会支持网络包括家庭支持力量、学校支持力量以及社会支持力量，从大学生的角度来看，他们能够获得的社会支持网络具体包括父母的支持、朋友的支持、学校教师的支持、同学的支持以及其他社会团体的支持。这种支持包括工具、信息和情感三个方面。个体如果想要形成积极的品质，那么就需要依赖一定的社会支持，而且社会支持可以让个体在处于压力的情况下获得更为强烈的安全感。学生在人生的重要阶段需要社会支持，比如升学、就业或突发意外情况的时候，那时要承受比较大的压力，如果能有父母的理解、老师的指导、同学的陪伴，那么大学生将会更加勇敢地去克服困难与挫折。所以，从这个角度来看，大学生要注重自己与父母、朋友的沟通，让自己获取更多的支持，让自己面对逆境的时候能有更强的持续力。

第三节　大学生积极情绪的激发与培养

一、大学生积极情绪的来源与功能

（一）积极情绪的来源

“积极情绪 (positive emotion) 是指与个体需要的满足相联系的、伴随愉悦主观体验的情绪。”[1] 积极情绪有很多种，其中最常见的包括：喜悦、感激、宁静、兴趣、希望、自豪、笑（逗趣）、激励、敬佩和爱。每种积极情绪的来源各不相同。

- 喜悦。生活中最常见的积极情绪是喜悦。个体在很多场景中都能感受到喜悦，例如打开邮箱后发现一封老友的来信等。
- 感激。生活中，人们常常也能体验到感激，例如老师温和地提出学习建议，帮助学生改进学习方法和调整学习计划；父母为家人准备丰盛的晚餐等。
- 宁静。宁静是在周围安全而熟悉、自身不需要付出太多努力的时候出现的一种情绪。与喜悦不同的是，宁静要低调得多，它让人感到舒服和顺畅，如当人们经过辛苦而有意义的一天后，躺在床上小憩的感觉等。
- 兴趣。当一些新颖或奇怪的事物吸引了人们的注意时，人们会被一种具有可能性和神秘性的感觉填满。与喜悦和宁静不同的是，兴趣需要付出更多的努力和关注。人们被兴趣牵引着去探索，将自我沉浸于正在接触的事物当中。
- 希望。虽然多数的积极情绪都是在感到安全和满足时出现的，但希望是个例外。如果所有的事情都是按照希望的方式发展，那么人们就不需要希望了。希望通常在人们面临紧迫情况、事情的发展对其不利或者事情的发展趋势存在着很大的不确定性时产生。
- 自豪。自豪和以上的积极情绪不同，它是“自我意识情绪”的一种。

---

① 王振宏、王永、王克静等：《积极情绪对大学生心理健康的促进作用》，《中国心理卫生杂志》2010 年第 9 期。

作为羞耻和内疚的对立面，自豪紧随着成就而绽放。自豪感可以是完成房屋装修后的良好感觉，也可以是修理好电脑、在花园里耕种、重新设计卧室，或者是在学习、工作或者生活中实现了目标时产生的。

- 笑（逗趣）。笑和逗趣是联系在一起的。有时一些意想不到的事情会让人们发笑。朋友品尝了最新创作的菜式后做了有趣的鬼脸，指导孩子洗衣服时出现了失误或者同事对迟到做出了幽默的解释，这些都会让人们想笑而感受到“逗趣”。
- 激励。激励也是一种重要的积极情绪。当人们看到运动员在赛场上拼搏、获得胜利、为国争光时，会受到激励；当看到着急上学的学生耐心地帮助一位年迈的老人过马路时，会受到激励；当阅读一部名著，被主人公坚忍不拔的精神感动时，会受到激励。
- 敬佩。敬佩与激励密切相关，激励人们的对象往往也是让人们深深敬佩的对象。
- 爱。爱是积极情绪中最丰富多彩的一种，它可能包含了上面所有的积极情绪。在生活中，人们会将上面的种种积极情绪转变为爱。当这些积极情绪所带来的美好感受和一种安全的、亲密的关系相联系，扰动心灵时，爱就产生了。

（二）积极情绪的功能

积极情绪能够给人们带来健康、成功和幸福。

首先，积极情绪有助于身心健康。体验到更多积极情绪的人寿命更长。乐观的人常能拥有更多的积极情绪。拥有更多积极情绪的人也是情绪乐观的人、常能看到希望的人。乐观是健康的需要，也是生活和生命的需要。笑会改善生理健康，经常笑的人和具有良好幽默感的人活得更健康。

因为快乐与笑不仅可以减轻压力，更能促进呼吸和血液循环，分泌有益于身体的激素，从而抑制压力产生的有害激素。情绪可以通过大脑影响心理活动和全身的生理活动。积极情绪可以使人体神经系统、分泌系统的自动调节机能处于最佳状态，有利于促进身体健康。心情愉快、心态平和更能促进个体做弹性与复杂思考，有助于开拓思路与自由联想，有助于提高智能，所以积极情绪能够形成积极状态。

其次，积极情绪有助于成功。积极情绪虽然并不能保证所做的事情一定成功，但是积极情绪可以改善人们的日常生活。在积极情绪的帮助下，人们能够给自身创造充满阳光的心灵空间，引导自己走向成功之路。一个拥有积极情绪的人，他的人生态度是积极的，不管是在学习、工作还是生活中，他都能很好地完成任务。因此，这样的人在人生中会实现更多的自我价值。自我价值实现得越多，自我肯定的成就感就越多，也能拥有更多的积极情绪，从而形成良性循环。

最后，积极情绪有助于幸福。面对一个微笑的人，人们会感觉到他的友好。同时，这种自信和友好也会感染其他人，他人的自信和友好之情也会油然而生。积极的情绪可以帮助人们营造和谐的人际关系。积极情绪会孕育帮助他人和富有同情心的行为。人们在帮助别人的时候会感到欣慰和自豪，而被帮助的人会因为得到了意想不到的帮助而产生感激，进而将自己的积极情绪外化，为社会增加善意。而周围的人看到人们帮助他人，也会受到鼓舞和激励，其他人也会因这种助人行为感到振奋，进而为社会增添更多的善意。当积极情绪在人们之间传递开来时，就形成一种良性循环，这种良性循环改变了整个社会，从而营造出和谐的人际关系，而和谐的人际关系又是幸福感的重要源泉。

幸福是一种主观感受，拥有积极情绪的人更容易感受到幸福。拥有更多的积极情绪能够帮助人们拥有幸福快乐的人生。许多人的幸福感很大程度上源于自身的个性、魅力和亲和力。而在个性中，最吸引人的就是富有亲和力的笑容。在适当的时候、恰当的场合，人们一个简单的微笑就可以创造无穷的价值。

二、大学生积极情绪的激发调适

（一）认清积极情绪与消极情绪的差异

情绪从性质上可以划分为积极情绪和消极情绪。积极情绪可以为人们提供一种向上的进步力量，对人生发挥促进作用，而消极情绪恰恰相反。比如在人际交往中，积极情绪表现为：和别人握手时，要表现出热情、诚恳、可信和自信。消极情绪表现为：初次见面时被动握手，接触时距离保持过远，不太注意倾听对方的谈话，对话时相互猜疑，防范多于理解和谅解。当然，在生活中，人们需要更多地发挥积极情绪的正面作用，而应避免消极情绪所带来的负面作用。

积极情绪是当事情进展得顺利或者想微笑时产生的那种美好感受。情绪的认知理论认为积极情绪是在目标实现过程中取得进步或得到他人积极评价时产生的感受。积极情绪也可以是对个人有意义的事情的独特即时反应，是一种暂时的愉悦。积极情绪是蕴藏在每个人身体里的能量。当人们开启了积极情绪模式，虽然不能阻止所有坏事情的发生，但是可以保持好的心态，并让生活充满阳光和正能量。不是因为人们身体健康、学业或事业成功、生活幸福才能感受到积极，而是积极情绪帮助人们获得了健康的身体、成功的学业或事业，能让生活走入良性循环的轨道。

消极情绪是与积极情绪相对的一个概念，有时也称为负面情绪，它是指在某种具体行为中，由外因或内因影响而产生的不利于继续完成工作或者正常思考的情感，通常包括悲伤、愤怒、紧张、焦虑、痛苦、恐惧、压抑等。在生活中，人们常常会因为各种原因陷入消极情绪中：失去亲人感到悲伤，上台演讲感到紧张，临近考试感到焦虑，和朋友吵架感到痛苦，考试不及格感到压抑，等等，似乎生活中的种种不如意都会让人们感受到各式各样的消极情绪。

当然，消极情绪也不完全是坏的，某些消极情绪对人们的生存具有重要意义。比如恐惧的情绪可以让人们逃离危险、远离伤害，适度的紧张有利于调动全身的力量来应对面临的问题，适度的焦虑可以帮助人们更好地为未来做准备，悲伤和愤怒可以帮助人们更好地看待情绪体验并改变其行为。但是，如果消极情绪长期占据头脑，就会出现问题，长期的压抑可能造成抑郁，长期的悲伤会让人丧失信心和勇气，长期的恐惧可能会让身体发生病变。在当代的社会环境下，个体面临的压力比较大，常常会陷入更多消极情绪当中。消极情绪已经超出个体的承受力，所以才需要不断增加积极情绪。

（二）调适积极情绪与消极情绪的比例

积极情绪可以帮助大学生拥有健康的身心、成功的事业和幸福的生活。无论个人、家庭或组织，能够促进个体蓬勃发展的积极情绪和消极情绪的比例都是 3 ： 1，这个比例也称为积极率。如果缺失了消极情绪，个体就会变得不踏实、不真实；如果缺失了积极情绪，个体就会在痛苦中崩溃、压抑甚至绝望。例如，抑郁症患者的积极情绪和消极情绪的比率是 1 ： 1。过多的消极情绪会让抑郁症患者时常处于低落、痛苦的状态。

当积极情绪和消极情绪的比例小于3 ：1时，积极情绪很可能是惰性的，会被消极情绪的影响所淹没。只有当积极情绪和消极情绪的比例大于3 ：1时，积极情绪才拥有了足够的力量来压倒消极情绪。只有在这个时候，积极情绪的扩展和建构效应才能显现出来。也只有到了这个时候，大学生才能在自身的生活中看到积极情绪所展现出来的惊人效应。

个体可以将3 ：1的积极率作为目标。人们在日常生活中如果体验了一次痛彻心扉的消极情绪，就需要体验至少三次振奋人心的积极情绪才能抵消那次消极情绪带来的不良状态，所以3 ：1的临界点比值对于大学生的生活具有重要意义，它能够帮助人们摆脱不良状态，并且能够预测在今后的生活中是积极上进还是萎靡不振。对个体而言，在生活中争取积极率高于3 ：1，才有足够的积极情绪帮助其奋发上进。这个比值不仅适用于个体，也适用于家庭或大学生。

三、大学生积极情绪的培养方法

培养大学生的积极情绪，我们可以从以下几个方面入手。

（一）努力增加积极情绪

- 真诚是重要的。现代生活节奏不断加快，人们往往关注外界而远离了内心。假装的积极情绪和消极情绪一样是有害的。因此，为了增加积极情绪，大学生需要让自身的步伐慢下来，带着真诚用心去看、去听、去感受周围的世界。这种真诚的态度能够给人们带来积极的情绪体验。
- 找到生命的意义。提升积极情绪的第二个方法是在日常生活中建构和寻找更多的积极意义。大学生常常要面临生活的磨难和考验，无法完全驱除消极情绪，但是人们仍然可以用积极的方式来定义这些挫折或磨难，建构和提升生活的积极意义，从而增加大学生的积极情绪。

- 品味美好。品味生活中的美好能够帮助大学生获得积极情绪。品味美好实际上就是寻找事情中好的方面，让原本积极的事物变得更加积极。
- 计算善意。有意识地增加个体的善意可以提升积极情绪。当大学生计算善意时，可以让他们对周围人表现出更多的善意，关注他人，乐于助人。一旦表达善意，大学生就能从周围的人那里感受到更多的善意，促使善意和积极情绪之间形成良性循环，而更多善意也就意味着更多的积极情绪。
- 梦想未来。提高积极情绪的简单方法是更加频繁地梦想自己的未来。为自我构想最好的将来，并非常详细地将之形象化。形象化地梦想未来，可以使人获得更多的积极情绪。
- 利用优势。了解和利用自身的优势可以让大学生在生活中获得更多的积极意义，并感受到更多的积极情绪。能够利用自身的优势做事或者做自己擅长的事情的人更容易获得积极情绪。利用优势可以让大学生发现自己对生活的独特影响和贡献，体验到人生的价值。
- 与他人走在一起。和谐的人际关系和积极情绪之间是一种相互依赖的关系。与亲人、爱人、朋友等周围的人建立和谐的、温暖的和可依赖的关系，往往能给大学生带来积极情绪。而拥有积极情绪的个体，更容易与人建立联系，易于沟通，带给别人美好的感受，从而也更容易建立深入和令人满意的人际关系。
- 享受大自然的美好。与大自然相处可以让大学生拥有更多的积极情绪，而户外运动和活动是比较好的途径。当大学生沉浸在大自然的怀抱中时，能感受到大自然的魅力。大自然的广阔可以让学生的视野变得开阔，头脑变得灵活，也能让大学生将许多烦恼抛之脑后，从而拥有更多的积极情绪。

- 打开心灵。保持开放性能够提升大学生的积极情绪。打开心灵，就会进入积极情绪所产生的开放性思维空间。当大学生的心灵对美好保持开放并练习接受它而不是分析它时，积极情绪就会增加。

（二）尽量减少消极的情绪

消极情绪并不是来自大学生遭遇的不幸，而是来自对这些不幸的看法。情绪ABC理论是人们常用到的能够帮助大学生减少消极情绪的重要方法，其中A是诱发事件（activating event），B是个体对诱发事件的认知和评价而产生的信念（belief），C是消极情绪和行为障碍的结果（consequence）。通常而言，大学生会认为自身的情绪和行为是直接由诱发事件引起的，即A引起C。ABC理论则认为，A诱发事件只是引起情绪及行为反应的间接原因，而B即人们对诱发事件所持的信念、看法、解释才是引起情绪及行为反应的更直接的原因。

大学生的情绪和行为与他们对事物的看法和想法有关，不同的想法导致不同的情绪和行为反应。在这些看法和想法背后，是大学生对某些事物的共同观念，即信念。同样的事件，如果是不同的信念，就会引发不同的情绪和行为结果。甲同学所持有的是合理信念，引发的是适当的情绪和行为反应，而乙同学所持有的是不合理信念，引发的是不适当的情绪和行为反应。如果大学生长期持有某些不合理信念，就会长期处于情绪不良之中，甚至导致情绪和精神障碍。

消极情绪的不合理信念通常表现在两个方面。一是绝对化要求，即个体以自身的意愿为出发点，认为某一事物必须发生或不该发生，经常与

“必须”“应该”这类字眼相联系。绝对化要求信念的不合理之处在于客观事物的发生发展都有一定的规律，不可能按个人意志去运转。持有绝对化要求信念的个体，当事情没有像他想象的那样发生时，个体就会觉得难以接受，极易陷入情绪困扰当中。

二是过分概括化，即以偏概全，从一两件事情来做自我判断和对别人进行判断。过分概括化的信念，一方面会让大学生产生不合理的评价，一旦出现错误，就会认为自身毫无价值，从而导致悲伤、自卑、自责等；另一方面，对别人也会产生不合理的评价，一旦别人出现失误，就会认为其很差劲，是个失败者，从而产生愤怒等不良情绪。有过分概括化特征的信念常常让人们求全责备，因此，应该认识到金无足赤、人无完人。无论是评价自己还是别人，都应该做到对事不对人。

为了减少消极情绪，大学生要学会找到自身的不合理信念，并用合理的信念代替它。从一个典型的事件出发找到诱发事件，然后体会该事件发生后自身的情绪和行为反应。反思和分析自身在该事件中持有了哪些不合理的信念，并用合理信念代替它。大学生不仅需要从思想上改变不合理的信念，还需要在行为上加以改变。如果可以长期坚持，不合理的信念就会越来越少，由它所引发的消极情绪也会随之减少。

除此之外，将自身的注意力转移到愉快的事情上也可以帮助大学生减少消极情绪。比如做一些喜欢的运动，慢跑、游泳、做瑜伽、冥想等。还可以做一些活动让自身完全投入其中，比如和朋友聊天、旅行、读书、玩一些轻松的小游戏等，都可以帮助大学生从消极情绪中跳出来。

（三）两者并存，提高积极率

每个人的情绪都是随时发生变化的。同样的事件，不同的认识可能产生不同性质的情绪。一件事情对大学生的意义往往是多方面的，它常常是既有消极的一面，也有积极的一面，因此，积极情绪和消极情绪之间是相对的，可以相互转化。大学生可以通过改变自身的想法和对事物的态度将消极情绪转变为积极情绪，使减少消极情绪和增加积极情绪成为可能。因此，通过改变环境中的消极因素，加入积极情绪的因素或者改变事物的意义，大学生便可以减少消极情绪感受，增加积极情绪感受。

每个人都是生活的主人，选择积极还是消极都是由自身来决定的。如果总是看到事物不好的一面或者总是看到消极的事物，只会感到悲伤、压抑、自卑。如果换个角度，尝试多看事物好的一面或者多关注那些积极的事物，多想想高兴的事情，就会自觉地用积极情绪代替消极情绪。而积极情绪一旦被调动起来，就会使大脑皮层处于兴奋状态，逐渐减少或者抵消消极情绪的影响。拥有积极情绪的人往往是乐观的人，他们可以变通地看待事物，感受事物的美好。虽然生活的种种遭遇会带给大学生消极情绪，但他们也可以创造积极情绪，比如收集积极的情绪。最好将代表积极情绪的物品进行分类存储，将每种“积极情绪”收集到一个盒子里。这些物品可以是照片、书籍、信件、礼物等，也可以是对自身而言具有特殊意义的物品。在盒子上标注这是哪一种积极情绪。随着时间的推移，还可以不断给这些盒子添加新的东西。最好能将收集的盒子放在手边。如果有一天感到被一些消极情绪拖累时，可以拿出这些盒子，以开放的心态来看它们。保持一种轻松的、心理上的接触，不特意分析。

大学生还可以通过记录生活中的快乐事情来创造积极情绪。记录生活中的好事是培育和增加积极情绪最简单直接的方法。一开始可能会比较困难，但坚持一段时间就会逐渐变得容易。

第四章

大学生适应心理与学习心理培养

第一节 大学生的适应心理与学习适应

一、大学生的适应心理

适应是一个反映个体与其环境的相互作用情况，反映个体在环境中能否有效发挥其身心机能，从而有健全的个人生活的概念。从心理学的角度讲，适应是一个与人的需要和满足相联系的心理过程，是个人通过不断做出身心调整，在现实生活环境中维持一种良好的有效的生存状态的过程。

适应原本是生物学的一个基本概念，它指所有活着的有机体都要随着它们环境中某些条件的改变而改变其活动。生物的机体需要必须通过其与外界条件相适应的行为来加以满足。适应是事物发展的基本条件，一旦持续地失去与周围世界相适应的能力，机体就会被淘汰。有机体的需要应与环境中的某些条件相协调，从而促进其自身发展。一旦产生某种程度的不适应，它的生存便会受到一定程度的影响和危害。

人类的发展之所以拥有了这么长的历史，正是因为拥有不断发展的大脑和智慧，使人类社会与客观自然之间产生辩证统一的关系，在适应中发展，在发展中适应。作为新入学的大学生，他们不仅要适应所在大学的气候和地理环境，要适应父母不在身边的生活环境，还要适应有着不同性格同学的人际环境和不同于高中的学习环境。适应性在很大程度上代表着一个人心理健康的程度。从心理学的角度而言，适应包含以下步骤：一种需要的存在，阻止这种需要得到满足的阻挠存在，个人提供的一个又一个克服这些阻挠的各种各样的行为反应方式，最后是这种反应使紧张情绪得到缓解即解决问题的结果。

适应的根本问题就是心理适应。心理适应先要有对环境的认知和对自身的客观分析。有些人不论身处何种环境都感觉不适，并会一味地抱怨环境，从而对生活产生消极态度，甚至形成不健康的人格。但是，有些人身处逆境，仍然能与命运抗争，最后达到自我的实现，而且为社会做出了自己的贡献，这样的事例屡见不鲜。可见，适应心理对人们的自我发展有着极其重要的作用。

“大学生适应是心理健康的标准之一。要提高大学生的心理健康水平，就必须引导大学生适应大学生活。”[①] 就大学生的适应心理而言，虽然个体之间存在着差别，但一般而言主要包括以下几个方面。

- 生活上的适应心理。现在越来越多的学校招生都不再局限于省内生源，往往是面向全国学子。一些大学生离开熟悉的地方，跨越地域来到一个陌生的地方，面对新的生活，心理需要更多的适应。越是那些与原来生活习惯差别较大的学生，由于自身适应力、性格以及常用的适应方式等因素的影响，他们越是容易表现出适应不良现象。
- 环境上的适应心理。从大学生心理学范畴来讲，环境适应一般包括三种层面，即生物学意义上的适应、心理上的适应以及对社会生活环境的适应。生物学意义上的适应主要是指人们身体器官对味、光以及声等因素的适应，因此也可以称为生理适应；心理上的适应一般是人们在经历挫折、困难时，借助心理防御机制对自身进行调节的过程，是

① 张冬梅、谷丹主编：《大学生心理健康教育》，北京邮电大学出版社 2018 年版，第 63 页。

人们对环境适应的一种狭义定义；社会生活环境的适应是人们为满足自身生存需要而进行的行为适应和环境适应过程，这种适应能够使个人得到更好的发展。大学生入学后或多或少地面临环境上的适应问题。

- 学习上的适应心理。进入大学后，大学生不得不面临学习上的适应问题，他们已经适应了原来的学习环境，面对新的环境难免会有不适应。首先，从学习目标来看，许多学生已经习惯于高中时期在外部条件的严格控制下所制定的具体目标，而不能马上适应这种由内在因素控制的、为长远目标而进行的自己控制的学习。其次，从学习内容来讲，想要获得毕业证和学位证，必须获得一定的学分，这就要求学生对自己的学业做到心中有数，自己制订好学习计划；另外，大学阶段也是在为进入社会做准备，所以大学生应当根据个人的理想，多阅读一些对走向社会有用的书。最后，从学习方法上讲，大学阶段是以自己主动学习为主、老师指导为辅的学习阶段，这是大学生主动学习、主动探索的一个阶段，而不是被动地等待老师安排和督促的阶段。
- 工作上的适应心理。不少同学进入大学后发现，大学确实是一个更宽阔的大舞台，可以在舞台上尽情发挥。大学里有多种多样的活动可以参加，大学里有各种各样的学生组织可以参加，甚至可以自己创建一个社团组织。于是，很多同学都积极参与了多种活动，挑战了不少工作任务。一些同学适应良好，在锻炼中不断学习、成长，学到了好多书本上学不到的东西。当然，也有部分同学在一些问题上不能够适应，从而产生了一些消极情绪，例如：一些同学不能处理好工作和学业之间的关系，导致学业成绩不及格；一些同学不能够很好地组织工作，调动其他同学的积极性，对自己的工作能力感到怀疑。大学生如果认真总结经验教训，积极改正，一定会有所收获。在工作过程中，怎样赢得领导的支持，怎样同合作者交流，怎样安排工作的每个细节等，都会为日后工作奠定良好的基础。

- 角色上的适应心理。进入大学校园，学生的角色也会发生变化，要适应角色变化，就必须改变从前的处事方式，对个人角色进行重新定位。大学意味着学生逐步进入自立的生活，要融入大学生群体，需要将自己改变成一个待人平等、有亲和力、乐观热情、积极向上的角色，在与其他人的相处过程中，必须深刻认识到自己作为大学生的角色，是知识分子的代表，也是学校的代表，自己的言行举止关系重大，必须不断调整适应。
- 人际上的适应心理。人际上的适应心理也许是大学生中存在问题最多的一个方面。人是社会中的人，人际关系的适应是适应的一个主要方面。有了良好的适应，人才会有支持的力量，才会有安全感和归属感，才能愉悦地做其他事情。适应大学生的人际关系，要先对人际关系有一个清晰的认知，再根据人际关系适应的需要学习相应的技巧和方法。在适应人际关系时，必须保持一颗真诚的心，尊重对方，给予对方足够的关怀，同时要认识到不同个体必然存在差异，只有取长补短，待人宽容，以一颗谦虚、宽容的心去交友，才能真正建立良好的人际关系。

二、大学生学习适应及策略

（一）大学生学习适应分析

1. 学生的学习特点

学习是人类获取信息的重要方式，对于在校学生而言，他们主要是采用教师授课的方式，教师根据教学计划和教学目标安排授课内容，使学生获取理论知识，并在学习过程中形成正确的世界观、人生观和价值观，实现全面发展。与人类获取信息的其他方式相比，学生阶段的学习具有以下三个特点。

- 学生的学习主要是通过教师授课传授知识，知识是人类在实践中积累下来的，而学生通过学习，不用实践即可获得前人的实践经验，在学习过程中也会增加一些新的情感体验，同时在学习已有经验的过程中也会发掘新的内容。
- 学生的学习是在教师的指导下有目的、有计划、有组织地进行的，教师都接受过专门的教育训练，采用的是特殊的、行之有效的方法，能在有限的时间内高效率地达到教学目标。同时，教学活动又有严密的组织系统。学校通过课程设置、教学计划安排对学生的学习进行控制，学生必须在规定的有限时间内完成一定的学习任务并接受考核。因此，学生在学校中的学习比在日常生活中的学习有效得多。
- 学生的学习内容是多方面的。学生的学习内容非常广泛，主要包括知识的获得、技能的形成、思维方式的改善、行为习惯的培养、态度的形成与改变、道德品质的提高、人格的完善等。

2. 大学生学习的主要特点

大学生的学习是学生学习的一种，它有如下六个特点。

- 学习目标要求高。大学教育的主要任务是使学生在学习普通科学文化知识的基础上，进一步学习和掌握专业知识与专业技能，把他们培养成各行各业所需要的高级专门人才。

- 学习内容又专又博。大学是专业教育阶段，学生首先是按专业划分的，大学生在入校前或入校后一段时间内必须根据自身的兴趣、爱好以及特长选择一定的专业，各专业在课程设置、教学内容、教学安排以及培养目标上存在较大差异。大学教育是一种定向的专业教学，专业教学是其显著的特点，每一个学生都需要了解自身专业领域的理论、尚有争论的问题和最新的科研成果，需要学习专业基础课、专业选修课、专业主干课这三类课程。但是专业性不等于单一性，不等于大学生的学习必须拘泥于某一学科或专业。大学培养的是复合型人才，所以大学生的学习又有博的要求。大学生一般要学习一些基础课程，比如“两课”、大学语文、计算机、外语、体育、高等数学、大学物理等。有的学校大一是不分专业的，主要学习一些基础课程，有的学校要求学生必须选修其他学院的课程。因此，大学生一定要在学好专业知识的同时广泛涉猎各学科领域，扩大自己的知识面，实现“一专多能”，这样才能更好地适应社会。
- 学习途径多样化。大学生的学习途径是复杂多样的，课堂学习虽然仍是主要的学习途径，但已不是唯一的途径，大学生还可以通过实验课、课外讲座、科研活动、专题讨论、社团活动、社会实践活动、课程设计、毕业设计等多种形式进行学习。丰富多彩的学习活动为拓宽大学生的知识面，提高其实践能力提供了良好的条件。
- 实践性教学环节所占的比例较大。大学生既要掌握抽象的理论知识，又要将理论知识用于具体实践，以提高实践能力。因此，实践性教学环节在大学学习中占有重要的地位，在总学时中所占的比例较大，一般超过 20%，有些工科院校高达 30%。大学生的实践性教学环节主要有实验课、课程设计、生产实习和毕业设计等。实践性教学环节对于提高大学生的综合素质是必不可少的。

- 学习方法重自主。大学生的学习虽然也需要教师讲授，但是教师讲授之前的预习，讲授之后的理解、消化、巩固等环节主要靠学生独立完成。同时，大学生自主支配的时间较多，除了教学时间之外，学习方面一般没有具体的规定，大学生可以根据自身的需要、兴趣与特点自主安排，并且可以自由选择在教室、阅览室、图书馆或者宿舍里学习。这就需要大学生充分发挥自主性和主观能动性，统筹规划，合理安排自己的学习内容，选择合适的学习方式，以便在有限的时间内达到较好的学习效果。
- 学习过程重探索。大学生的学习不仅局限于刻板的学习，同时也注重探索。大学教师在教学过程中更偏重介绍学科的基本情况以及研究现状，以使大学生对学科有一个全面系统的认识，学生不需要死记硬背，而是要根据已有的研究成果形成新的认识，探索学科新的研究领域，搜集资料撰写论文报告，逐步养成良好的科研习惯，还可以通过参与各种科研项目来提高科研能力。

大学生不但要掌握所学的知识，而且要了解学科和专业发展状况、存在的问题，以及解决这些问题的可能性，还要提高独立思考、探索创新的能力。死记硬背、墨守成规、缺乏灵活性和创造性的大学生在学习过程中可能会感到压抑和不适应。

3. 大学生学习动机缺乏与过强

动机是个体行为的内部动力，是个体以一定方式引起和维持其行为以满足需要的心理倾向。学习动机是引发和维持个体学习活动并使之朝着一定目标进行的内部动力或心理倾向，其直接外在表现之一是学习积极性，即在学习活动中认真主动、投入的状态。如果学生对学习没有兴趣，缺乏求知的欲望，学习是很难持久的。因此，在整个学习过程中，激发学习动机至关重要，但是这并不意味着学习动机越强烈越好。另外，动机的最佳水平不是固定的，依据工作任务的不同会有所改变。工作难度很小时，动机十分强烈，才能有较高的工作效率；工作难度很大时，适当地降低动机强度，有利于提高工作效率。

（1）大学生学习动机缺乏

大学生学习动机缺乏的主要表现是厌学，即对学习感到厌倦的心理和消极的学习行为倾向。厌学的学生一般都缺乏理想与信念，缺乏目标。具体表现包括：上课迟到、早退、旷课；在课堂上听音乐、玩手机、看小说、睡觉；课前不预习，课后不复习。

大学生学习动机缺乏也就是厌学的原因有很多，既有客观方面的原因，也有主观方面的原因。这里仅从主观方面进行分析，大致有如下三个方面。

- 缺乏目标。很多学生在高中时的目标是考上自己心目中理想的大学，于是很努力地去学习，待走进大学校园之后，没有了积极的学习态度，这都是缺乏目标、对自己放松要求所导致的。
- 理想与现实之间有差距。有的大学生对自己所考入的学校不满意，对所学的专业不感兴趣，理想与现实之间的差距使他们出现了很多的负面情绪，但是他们又不愿意去面对这种差距，不愿意去处理负面情绪，于是把大部分时间放在了与学习无关的事情上，从而影响学习。
- 自我管理能力差。很多大学生自我管理能力较差，意志力薄弱。有些大学生仍旧采用之前的学习模式，希望老师对学习提出要求，否则就不知道该怎样学习；还有些大学生很容易受到周围不良环境的影响，从而影响正常学习。

针对上述厌学原因，大学生可以采取以下方法加以克服。

- 制定目标并付诸行动。进入大学后，每个人都站在了新的起点上，大学生要为这一阶段制定清晰的学习目标，并且所制定的目标要有系统性：既要有短期的目标，如这个学期要争取每门课程的成绩都在 75 分以上；也要有长期的目标，如四年之后要考上研究生。
- 提高适应能力，培养学习兴趣。人生中的很多事情都不是一帆风顺的，理想与现实之间总会有差距，人们要学会接受并适应现实。或许这所学校不是心目中理想的大学，或许对所学专业也不太喜欢，但是在无法改变现状的情况下，大学生们只能面对现实，努力地去发现这所学校的优势和拥有的资源，去了解自己所学的专业，进而喜欢上自己所学的专业。
- 增强意志力和自我管理能力。大学生应当增强意志力和自我管理能力。学习任务没有完成却控制不住玩网络游戏的欲望，这都是意志力薄弱、自我管理能力差的表现。意志力和自我管理能力需要在生活中慢慢地培养，可以制订一个计划，如果计划完成了，就奖励，没有完成，就惩罚。这种奖惩办法可以有效提高自我管理能力。

（2）大学生学习动机过强

学习动机固然对学习活动起着推动作用，但是这并不意味着学习动机越强，学习效果就越好。学习动机过强，不论是内部的期望过高，还是外部的奖惩诱因过强，都会使学生专注于内部的期望和外部的奖惩，而不是专注于学习，从而影响学习效果。

大学生学习动机过强的主要表现有如下四个方面。

- 期望过高。有些学生由于缺乏对自身各方面素质的全面认识和对外界客观条件的正确认知，对自身有很高的期望并确立了很高的目标。目标过高，而能力又达不到目标的要求，所以很容易失败，失败了就很容易挫伤自尊心、自信心，严重的时候还会产生自卑、抑郁等心理问题。

- 好胜心过强。学习动机过强的学生常把分数和名次放在很重要的位置上，这部分大学生争强好胜，在每次考试或竞赛中总想取得很好的名次。他们很想得到老师和长辈的肯定与表扬。
- 学习强度过大。学习动机过强的学生常把学习看成最重要的事，很少将时间花在娱乐上。他们在学习上废寝忘食，把全部心思都用在了学习上。长期这样下去会影响身心健康，不利于个人成长。
- 精神紧张。学习动机过强的学生由于长时间超负荷学习，情绪上很难放松，常伴随着学习焦虑和考试焦虑等现象。精神紧张易引起学习过程中注意力不能集中、记忆力下降等问题，从而造成学习效率低，久而久之还容易引起头痛、头昏、耳鸣、心悸、肠胃不好等疾病。对于学习动机过强的学生而言，学习可能是一件苦差事，而不是一种乐趣。

学生学习动机过强，有多方面的原因，这里主要介绍如下四种。

- 将学习目标设置得过高。如果将学习目标设置得太高，目标实现的可能性很小，就可能造成学生的学习动机过强，导致对自己的要求过于严格。
- 不恰当的认知模式。努力是取得成功的必要条件之一，这是毋庸置疑的。但是，有的大学生把努力看成取得成功的唯一条件，错误地认为“只要我努力，就能取得成功”，这种认知模式容易使其产生过强的学习动机，容易使他们在学习中不顾自身的能力及各种客观条件，最终为了一个不太可能实现的目标而盲目努力，却始终品尝不到成功的喜悦，对身心造成一定的损害。任何事情要想取得成功，都必须考虑自身的能力和环境因素。

- 他人不适当的强化。在我国，多数人会更倾向于支持那些学习动机过强者，称赞他们学习劲头足、刻苦、有志向，并期望他们做得更好。因此，学习动机过强的大学生很容易得到他人的肯定和支持，这种不适当的强化会使他们看不到学习动机过强的危害，并且会使他们对自己的要求更加严格。
- 性格原因。学习动机过强与性格关系密切。例如，具有追求完美、好强、固执等性格特征的大学生很容易形成过强的学习动机，性格内向、沉默寡言、不善于交际的大学生也很容易形成过强的学习动机。性格的形成一方面与遗传因素有关；另一方面也与个体的成长经历、成长环境有关。在性格形成的初期，如果父母过于严厉，对孩子的期望过高，就很容易使孩子形成争强好胜的性格特征，导致其日后学习动机过强。

大学生可以从如下四个方面着手克服学习动机过强的问题。

- 正确认识自我。大学生对自身的能力和水平要有客观的评价和正确的认识，制定目标时要量力而行，既不要好高骛远，也不要盲目攀比。
- 科学地制定目标。学生制定目标时要考虑自身所具备的条件及实际环境，“跳起来正好够得着”应是目标制定的基本原则。还需要注意的是，制定的目标要清晰、具体，具有可操作性，是经过努力能够实现的，切勿把目标定得过高、过于模糊、难以操作，否则会造成学习动机过强，影响学习效果和身心健康。
- 关注学习本身。学习动机过强的大学生往往过分注重长辈、老师及周围同学对自己的看法，这样会使得他们在学习中压力过大，患得患失。这样的大学生要注意把关注点放在如何学会学习以及学会了多少知识上，不要总是去想失败的后果，而要增强自身的抗挫折能力。

- 营造宽松的学习氛围。过强的学习动机不是一时形成的，它是个体在成长过程中逐步形成的。在这个过程中，环境的影响起着很大的作用。学习动机过强的大学生要注意争取父母的支持，让他们对自己有合理的期望，营造宽松的学习氛围。

（二）大学生学习适应策略

1. 认知策略

认知策略是学习者加工信息的一些方法和技术，有助于有效地从记忆中提取信息。其基本功能有两个方面：一是对信息进行有效的加工与整理；二是按照类别对信息进行储存。常用的认知策略包括复述策略和精加工策略。

（1）复述策略

重复是记忆时最常用的一种方式，通过对信息的重复形成深刻记忆，是知识记忆的主要方法，尤其是在遇到一些难以理解的知识点（如专用名词等）时，通过复述可以进行短时间的记忆，学习效率更高。常用的复述策略主要包括以下三个方面。

- 在复述的时间上，采用及时复习、分散复习的方式。因为遗忘随时都在发生，必须多次重复才能有好的记忆效果。
- 在复述的次数上，采取适度的过度学习。过度学习是指在学习某一材料时，在达到勉强可以回忆的地步以后，再继续学习一定的时间。过度学习不是毫无限度的超度学习，一般认为，在一定范围内，过度学习是必需的，但不能超过一定限度。通常，学习程度以150%为佳，即过度学习50%，效益最佳。例如一段文字，反复读8遍后勉强可以背下来，接着再读4遍，这时的记忆效果更好。

- 在复述的方法上，运用多种感官协同记忆的方法。运用多种感官协同记忆，如边听边看、边读边写、边听边做等，可在大脑中留下多方面的回忆线索，从而提高记忆效果。人们的学习1%通过味觉，1.5%通过触觉，3.5%通过嗅觉，11%通过听觉，83%通过视觉，而且人们一般可记住自己阅读的10%，自身听到的20%，看到的30%，看到的和听到的50%，交谈时所说的70%。这说明多种感官参与，能有效提高记忆效果。

（2）精加工策略

精加工策略是指学生在获取已有知识的基础上，对知识进行精细加工，与以往学过的知识进行联系，加深对新知识的认识，更加便于记忆。精加工策略与简单直接的复述策略不同，侧重建立新知识与旧知识之间的联系，使知识加工更加精细化，记忆效率也会更高。

信息加工越精细，对知识的理解就越深刻，知识记忆的效果也会越好。成绩优秀的学生往往更懂得运用精加工策略进行知识记忆，对复述策略的运用反而极少，而经常使用复述策略的学生往往难以取得理想的学习成绩。常用的精加工策略有如下四种。

- 联想法。联想法包括形象联想法、谐音联想法、关键词联想法等。例如，记忆“计算器—书”这一组词，可以想象成“计算器印在书的封面上”。想象越奇特，加工得就越深入、越细致，记忆得就越牢固。有一种用想象来加深记忆的方法，就是编一个故事，将所有要记忆的信息联系在一起。

- 提要法。这是一种去粗取精、删繁就简、提炼关键信息的方法，包括画线法和笔记法。例如，在学习的时候，在学习材料上圈出不知道的词，标明事件序号，用“？”表示有疑问的地方，画箭头表明关系，写下评论，表明自己的观点。做笔记是阅读和听讲时用得较为普遍的精加工策略。学生借助笔记可以有效地监控自己的学习过程，有助于发现新知识的内在联系和建立新知识与旧知识之间的联系，有利于知识的概括与总结。
- 提问和回答问题。提问和回答问题是一种很好的促进学生学习的策略。在提问和回答问题的过程中，学生必须停下来评估自己对所学内容的掌握情况。
- 生成性学习。生成性学习就是要求学生对学习材料进行重新加工，产生新的理解，最终将其变成自己的东西。

2. 元认知策略

元认知策略是指学生在学习过程中对自我认知能力进行规划、监督、调整的策略，具体包括以下三种策略。

（1）计划策略

学生在学习活动开始前，根据学习内容制定合理的学习目标，根据学习目标制订学习计划，预设学习过程中可能遇到的难题和解决方案，根据自身情况对学习计划作出相应调整，最后依据计划开展学习活动。

（2）监视策略

学生在学习认知过程中，依据认知内容的学习效果考察标准，进行自我评价，及时收集反馈信息，了解自己的学习情况和学习进度，根据评价内容调整学习计划。如在背诵时考察自己的注意力情况、答题时关注答题速度等，你就会发现学习过程中存在的不足并不断进行调整。

（3）调节策略

学生在认知过程中根据自查时发现的不足，进行自我调整，改正学习方法，调节学习策略。调节策略是对监视策略的补救，例如学生在答题时发现答题速度过慢、答题时间不足时，会调节答题策略，通过改变答题顺序、跳过困难题目的方式提高答题速度。调节策略可以改正监视策略中发现的不良学习策略。

3. 资源管理策略

资源管理策略是对可用的环境和资源进行管理的策略，主要包括时间管理策略、学习环境管理策略、努力管理策略、社会资源利用策略等。

（1）时间管理策略

时间管理策略要求分辨需求，根据需求的重要性排序，并根据重要性分配相应的时间和资源。

- 统筹安排时间。大学生在安排学习活动时，要分清哪些事情必须做，哪些事情可做可不做，每天都要按照事情的重要程度来安排学习内容，确保每天都在做最重要的事情。大学生在执行学习计划时要避免拖延。
- 高效利用最佳学习时间。大学生要根据一周内、一天内学习效率的变化来安排学习活动，把最佳学习时间用在最难的或者最重要的课程上面。
- 合理利用碎片时间。在日常生活中，还有很多碎片时间可以利用，例如可以充分利用饭后散步休息这段时间学习。利用碎片时间学习零碎知识，既充分利用了时间，也通过细碎的积累不断增加自身的知识储备。除了学习，学生还可以利用碎片时间进行交际，增进人际关系也是很重要的一件事情。

（2）学习环境管理策略

学习环境管理策略是指通过选择或管理自己的学习环境，让自己能集中精力学习，取得好的学习效果。首先要注意调节自然条件，保持空气流通、温度适宜、光线明亮、色彩和谐；其次要设计好学习的空间，可以从空间范围、室内布置、用具摆放等方面进行设计。如果条件允许，应当有一个相对固定的学习场所，形成一个相对安静的学习环境。学习环境应该有利于学习，而不是有利于放松、娱乐。

（3）努力管理策略

努力管理策略是指合理安排自己有限的精力，取得最好的效果。一个人的精力是有限的，不可能一直保持旺盛的精力，过分努力会使人感到疲惫，从而使学习效率下降。对个人努力的管理如同对时间的管理，要分清事情的轻重缓急，要把有限的精力优先运用到重要的事情上。

（4）社会资源利用策略

学习总是需要与人交流的，老师和同学是大学生身边最重要的社会资源。大学生在学习中遇到困难时，要抛开顾虑，积极地向身边的老师、同学求助。

第二节　大学生学习心理的开发与调试

一、大学生学习心理及其潜能开发

（一）大学生学习心理的结构体系

“学习心理主要是指学习者在学习过程中产生的心理现象及其规律等。”[①] 了解大学生学习中的心理特征和心理问题，对于培养大学生健康的学习心理，使其在学习中做到事半功倍、提高学习水平和能力、成为学有专长的社会有用之才是非常有意义的。但是，目前仍有少部分学生存在着学习目的不明确、动力不足、厌学、焦虑、迷茫等问题。学生应以学习为本，学习是大学生的天职和主要任务，是大学生活的首要主题，学习活动也是大学生的主要活动形式。大学生在大学不仅能掌握知识和技术、发展智力，而且学习过程中能形成自己的人生观、价值观、道德品质和行为习惯，以适应社会的要求。学习是一种十分复杂的心理过程，它需要智力因素和各种非智力因素的积极参与。大学生的心理健康状况和发展水平直接影响其学习过程和学习效果。培养良好的学习心理是大学生心理健康教育的重要内容，它对于提高大学生的学习质量和效率也具有特别重要的意义。

一般而言，学习是个体在生活过程中通过实践积累经验而引起的行为或心理的变化。广义的学习既包括人类的学习，也包括其他动物的学习；狭义的学习仅指人在社会实践以及与他人交往的过程中，运用语言这

---

① 刘苍劲等：《新时期大学生心理健康教育实效性研究》，北京师范大学出版社 2017 年版，第 84 页。

一中介自觉、主动地掌握社会和个体经验的过程。学习是大学生的主要任务。大学学习是人类在一种特殊形式和阶段下的学习，是在学校教师有目的、有计划、有组织的系统指导下，以掌握间接经验为主的智力实践活动的过程。

1. 大学生学习心理结构

大学生正处于智力发展的高峰期，记忆力、观察力、逻辑思维能力与创造性都有很大的发展潜力。学生学习的好坏受很多条件和因素的影响与支配，这些因素可归结为智力因素和非智力因素两大类。

- 智力因素主要包括一个人的注意力、观察力、记忆力、想象力和思维力。学习就是通过智力活动感知客观世界、积累经验、掌握知识、解决各种问题，从而认识客观世界发展变化的本质和规律。心理学家把智力因素中的注意力、观察力比作智力的门窗，通过它们，知识才能进入大脑的房间，才能在大脑中进行整理、储存并在一定条件下输出。智力的各个因素是保障学习活动顺利进行的必要条件。
- 非智力因素是指除智力因素以外的所有心理因素，包括情感、意志、需要、动机、理想、信念、世界观、人生观、价值观，以及兴趣、气质和性格等。非智力因素对认识过程起着促进和调节作用，决定学习的价值取向、学习的动力、学习过程的调控和学习的效果。

对于一般的大学生而言，学习的好坏主要是由非智力因素决定的。对学习若缺乏足够的兴趣，又没有刻苦钻研的精神，即使拥有再高的智力水平，也不会有好的学习效果。

2. 大学生学习心理特性

- 学习的专业性。和中、小学基础教育相比，大学教育属于职业教育，大学生被各高校录取时就已经基本确定了专业方向，因此大学生学习的职业定向性已经比较明确，这就要求大学生不仅要掌握自己所学专业基础知识和专业能力，还要结合主、客观环境做好自己的职业生涯规划。

- 学习的自主性。在大学阶段的学习中，教师的课堂教学大多是以讲座的形式进行提纲挈领的引导，除了传授知识本身，教师更重要的工作是教会学生学习的方法。这就特别要求学生要有学习的自主性。
- 学习的综合性。目前，高等教育不仅重视学生对专业知识的学习和掌握，更重视对学生综合素质和能力的培养。因此，大学生除了要学习专业知识，还应该积极参与各种社会实践活动，融入社会、了解社会，以便为自己顺利就业做好充分准备。
- 学习的探索性与创新性。大学生既要掌握专业知识，还要钻研知识的形成过程和科学的研究方法，善于思考，提出问题，分析和解决问题。不但要知其然，还要知其所以然，这也是现代社会创新型人才培养的基本要求。

3. 大学生学习心理层次

大学生的学习心理状态和学习水平大致可以分为三个不同的层次：最低层次，即学习心态和学习状态都较差，经常处于考试焦虑和缺乏明确的学习动机甚至厌学的学习心态之中，没有良好的学习策略，机械被动地完成学习任务，勉强能应付学习和考试；中间层次，即学习心态和学习状态中等，有较明确、强烈的学习动机及较大的学习兴趣，学习认真积极，能较好地完成学习任务，考试成绩较好；最高层次，即学习心态和学习状态健康、良好，学习目标非常明确，学习动机强烈，有旺盛的学习热情和浓厚的学习兴趣，积极进取、不怕困难，认为学习不仅是一种任务，而且是一种乐趣，他们不仅能较好地完成学习任务，而且能够发现式地学习、探究式地学习、创造性地学习。

- 大学生的学习动机。动机是直接推动一个人进行活动的内部动力。学习动机是学生学习活动的主观意图，大学生的学习动机是影响其学习活动的重要心理因素。大学生的学习动机有发展成才的需要，也有个人利益的追求以及人生价值的实现需要等，这些动机一方面可以唤醒大学生对学习的准备状态，促进一些非智力因素（如集中注意力、坚持不懈、坚强的毅力等意志和情感方面的品质）的形成与提高，从而间接促进学习；另一方面，学习动机可以作为一种学习结果，强化学习行为本身，促进“学习—动机—学习”的良性循环。
- 大学生的学习兴趣。兴趣是个体积极探究某种事物、力求参与某种活动的心理倾向。兴趣对于学习的影响在于它能让人产生愉快、轻松的情绪，付出自主的意志努力，使人集中精力创造性地完成学习任务。
- 大学生的学习行为。一般而言，大学生都知道学习和掌握知识技能的重要性，但个别学生由于在中、小学阶段没有养成良好的学习习惯，是在教师或家长的监管、强迫下学习的，所以，到了大学，当管理方式和学习方式给予学生更多的自由度和支配权时，这些学生在学习上就缺乏主动性、积极性，进而不能在行动上有计划地持续学习。
- 大学生的学习方法。大学的学习不仅是学知识、学专业，更重要的是学方法、学策略，提升学习能力。学习方法不当会使学习效果事倍功半。长期的学习效率不高又会使学习动机减弱甚至消退。所以，为了始终维持良好的学习动机与水平，大学生必须经过摸索和总结掌握一套适合自己的高效学习方法。

4. 大学生学习心理焦虑

在应试教育体制下，尤其是像高考这样的开学考试，成绩高低是学生及家长关注的焦点，所以学生对考试都有着或多或少的压力。考试焦虑是最容易引起大学生心理焦虑的因素，适度的压力可以促进考生集中思考、认真答题；但如果压力较大，考生又不能正确认识和对待，就会带来负面影响甚至产生心理障碍，如果没能及时调节还可能会引起心理疾病。考试障碍主要表现为考试焦虑。

考试焦虑是在一定的应试情境下，个体受认知评价能力、人格倾向以及其他身心因素所制约，以担忧为基本特征，以预防或逃避为行为方式，所表现出来的紧张或恐惧的情绪状态。考试焦虑是一种负面情绪，它既可以是一种暂时性的情绪状态，又可以持续发展成为焦虑性神经症。考试焦虑是考生在考试过程中解决问题的动机强度。适度的焦虑有利于考生积极地调动生理和心理能量，全神贯注地应对考试。但如果过度焦虑，就会干扰识记和回忆，主要表现为考试前紧张、忧愁、失眠、恐惧、心烦意乱；临考时四肢发麻、肌肉颤抖、心跳加快、冒虚汗、注意力不集中、尿频、腹泻等，原本熟悉的知识由于过度的紧张反而想不起来，严重时还会出现晕场现象，影响正常思维。

对于考试过度焦虑的问题，学生应从以下方面着手加以克服。

- 减轻考试的心理压力，正确看待考试。不要把考试成绩看得过重，不要老是想考试结果，也不要想分数决定自己的前途和命运，应把注意力集中在考前复习和考试过程中对问题的解决上，尽量排除杂念，专注地解答考题。
- 制订科学、合理的学习和复习计划，提高对自己的信心。对于自己所要掌握的知识做到“心中有数”：哪些是复习的重点，哪些是自己的薄弱环节，应该重点复习。还要根据自己的学习情况确定预期目标，不能不切实际地提高期望，以免增加焦虑。同时，在考前和考试过程中要对自己充满信心。自信是一种动力，也是成功的开端。

- 保持身体健康，保证营养丰富。要注意劳逸结合，每天保证充足的睡眠，不搞疲劳战术，以免形成恶性循环。
- 考试时尽量放松，按照先易后难的顺序集中注意力答题，尽量使自己平静下来，再去看试题。这样，随着情绪的稳定，记忆也就会变得清晰。如果通过自身的调节仍然不能缓解过度焦虑，就应该寻求专业人员进行心理帮助。

（二）大学生学习心理的潜能开发

潜能具有一个动态的操作指标，是需要外在与内在共同促进，需要一定的环境氛围才能有的优越表现。

1. 进行系统训练

- 课堂实践——以教师为主体。通过改革课堂模式，更加重视教师自身素质的提高和教学方式的改变，重视学生的个体差异，在课堂上通过教师的指引和鼓励开发潜能。也有一种模式是通过教师以潜能开发指导者的身份陪伴学生成长，教学相长、共同进步。
- 实践训练——以学生为主体。按照不同学生的不同个性制定相应的训练方式，尊重学生的兴趣、特长，以兴趣作为潜能开发的动力，这样有利于发挥学生最大的能动性。尤其是在生理潜能的开发中，适当的训练计划对于循序渐进地挖掘能力十分重要。

2. 注重内在激发

- 心理暗示。皮革马利翁效应是指积极期待达到了主观的暗示，通过潜移默化的鼓励促使学生逐渐接受积极的自我暗示，提高对自我的期待。有效的心理暗示可以显著提高学生的学习动机和自我效能感，而中等强度的学习动机和高自我效能感对发挥潜力、取得良好成绩有密切关系。

- 发展性心理辅导。发展性心理辅导的主要观点有三方面：一是人是理性的，取向是积极的；二是人都具有潜能；三是每个人都有接受辅导的需要，特别是成长中的个体。发展性心理辅导建立在人本主义咨询体系上，体现了一个健康的个体同样可以通过心理辅导获得更加完善的自我。

二、大学生学习心理问题及其调试

（一）大学生学习心理的常见问题

部分学生的学习心理有如下特点：缺乏学习动机，学习兴趣不浓厚；学习信心不足；意志薄弱，自我控制能力较差；学习压力较大，产生了较强的负面情绪；考试前的紧张与焦虑感。大学生常见的学习心理问题有以下几个方面。

1. 学习适应问题

由于大学和中学有着明显的不同，而且大学的学习生活是在远离父母和家庭的条件下进行的，所以，学习适应困难是大学新生普遍存在的一种心理困惑。首先，生活环境的不适应造成大学生在学习上无法集中注意力；其次，竞争的方式更多样、压力更大，使得大学生无所适从；最后是大学生对大学的学习特点和规律不了解，不知道如何有效地开展学习。

2. 学习疲劳问题

学习疲劳是指连续学习之后，学习效率下降，学习进步的速度放慢，身心症状增加的一种心理与生理的异常状态。学习疲劳包括生理疲劳和心理疲劳。生理疲劳的主要表现有肌肉痉挛、麻木、眼球发酸、头脑发胀、腰酸背痛、动作缓慢、僵硬等生理反应。心理疲劳的主要表现有思维迟钝、注意力分散、易走神、情绪容易躁动、忧郁、愤怒，学习效率下降，学习错误增多，对学习容易产生厌倦情绪。造成学生学习疲劳的原因主要有压力过大，学习时间过长，学习内容单调、难度过大，精神过于紧张等。

3. 学习缺乏动力问题

学习缺乏动力是指学习过程中缺乏内在的驱动力量——没有学习兴趣、无知识需求、不想学习。进入大学后，部分学生在学习上缺乏明确的目标，精力分散，课堂不注意听讲，不集中注意力思考，不认真完成作业。还有部分学生对自己缺乏信心，学习方法不当，学习效果不明显，进而对学习失去兴趣，导致学习态度不端正。

4. 学习焦虑问题

学习焦虑是由于个体不能达到预期的学习目标或不能克服学习上的困难使自信心受挫和内疚感增加而形成的一种紧张不安、带有恐惧的情绪状态。如果长时间处于严重焦虑的状态，精神就会过度紧张，进而导致学习时注意力不集中、记忆力减退、思维混乱、情绪烦躁、易怒等，还常伴有头晕、忧虑、头痛等影响身心健康的现象。

产生焦虑的原因可能有内部和外部两个方面。内部压力来自大学生对自己学习能力缺乏正确的认识，学习目标或期望过高，动机过强，超过了自身所能承受的范围，使自己时刻面临失败的威胁。外部压力来自大学激烈的竞争环境，还有家长的期望、教师的要求、毕业的压力等。出现学习、考试焦虑情绪后，大学生应及时、冷静地分析原因并进行积极调适，绝不能采取回避或放任的态度。大学生要正确地认识和评价自己，确立自己通过一定的努力就能实现的学习目标，学会适应大学的学习方式，掌握学习的主动权和自觉性，摸索适合自己的学习方法，正确认识考试的意义，降低对失败的敏感度，增强挫折承受力，尽力保持情绪稳定，做到心态放松、态度积极。

5. 注意与记忆障碍问题

注意是心理活动对一定对象的选择和集中。在人的信息加工过程中，注意具有选择、维持、整合和调节功能。记忆，是使贮存于脑内的信息复呈于意识中的功能，是保存和回忆以往经验的过程。记忆有三个基本过程：识记、保存、再现。如果大学生出现学习疲劳或者学习焦虑等现象，势必会带来注意障碍和记忆障碍。要消除注意障碍和记忆障碍，除了要消除学习疲劳和学习焦虑，还要通过确定明确的学习目标、培养良好的学习兴趣等来提高记忆力，集中注意力，这样才能提高学习效率，进一步激发学习兴趣，进而形成良性循环。

6. 学习逆反心理问题

由于各种主、客观原因，逆反心理在大学生这一特殊群体的思维、情感、个性以及行为上表现得尤为突出。大学生的逆反心理可以视为客观环境与主体需要不相符时产生的一种心理活动，即具有强烈的抵触情绪，也即大学生受到群体、社会或其他人的压力后，对其价值取向不予评价而表现出的不满或反感，甚至不考虑原因、后果而采取的对抗行为。要消除大学生的逆反心理，就要从他们的生理、心理特点出发，采用他们比较容易接受的教育引导方式，来帮助学生走出学习逆反心理的困境。

（二）大学生学习心理问题的调试

为了消除大学生的学习心理困惑，培养健康、良好的学习心理，学校和学生两方面都要积极采取措施。学校应教育学生树立正确的人生观、价值观，建设良好的校风和学风，加强对学生学习心理健康的咨询、辅导与教育，帮助学生确立明确、合适的学习目标，培养其学习兴趣，通过开展学习经验交流会等活动加强对学生掌握科学的学习方法的指导，提高学生的学习能力和效率。大学生则应从以下四个方面来努力提高自己的学习能力。

1. 树立正确的学习态度

态度决定一切，要想学习好，首先得端正学习态度。学习态度是指学生对学习的看法、情感以及决定自己行动倾向的心理活动。由此可以看出，学习态度是由对学习的看法、情感和行为倾向三个因素决定的，其中情感因素是起决定性作用的因素。

有了端正的学习态度，大学生还应该为自己的学习生涯确立一个明确的长期目标和每个阶段的短期计划。目标是人们活动所追求的预期结果，是激发人的积极性使之产生自觉行为的必要前提。目标能指导人的行动，学生进入新的学习阶段后就应该给自己确立新的理想和目标，使学习的目的性更强，从而强化学习动机。就大学生而言，这种新目标要结合自己的实际情况和大学的学习规律来确立，还应该注意长期目标和短期计划的有机结合。

2. 掌握科学的学习方法

学习方法就是人们在学习过程中为达到一定的目标或具体目的，根据学习的规律作用于学习客体而采取的步骤、程序、途径和手段等。有了科学的学习方法，才能达到事半功倍的效果，所以方法在学习过程中的作用是非常重要的。但学习又是一种个人的活动，因个性特点、学科专业方向等的不同，大学生所采用的学习方法也各不相同。大学生可以从以下方面摸索和掌握一套适合自己的科学的学习方法。

- 认识大学学习的特点。通过自己的实践，逐步养成自觉学习的习惯，培养自己的自学能力。部分大学新生存在着学习适应困难的问题，这是因为大学和中学的学习特点不同。大学的学习以自学为主，而且除了学习知识，还要学会学习，学会思考，提高自觉、自愿学习的能力。
- 克服学习方法的惯性。不仅要尽快改变中学时被动、死记硬背、听命于教师的学习方法，还要根据大学所学专业、课程、教学内容、教学形式、教学方法以及教师的个性特点，不断地进行调整以主动适应大学的学习。因为决定每个人学习能力的智力因素和非智力因素不同，因而学习方法也要因人而异。新生进校后，很多高校会组织开展学习经验交流会等活动来帮助新生尽快适应大学的学习，摸索建立科学的学习方法。听了学长学姐的介绍后，有些学生回去效仿却发现不怎么见效或见效很慢。如果遇到这种情况，他们就应该根据自己的实际情况尽快调整，以免耽误和浪费时间，挫伤学习的积极性和热情。
- 合理、科学地安排和支配时间。大学的生活除了学习，还有丰富多彩的校园文化活动和学生社团活动。如何在有限的时间里既能保证自己高效学习和参加实践活动的时间，还能保证自己有充足的休息、娱乐、锻炼的时间，是摆在大学生面前的一个难题。在入学的最初阶段，大学生应该把时间和精力集中在学好规定的课程上，要养成预习、复习的好习惯，掌握课堂教学中的听讲、记笔记、练习、提高等环节，学会利用工具书、图书馆等进行辅助学习，还要处理好学习与工作、社团活动、体育锻炼、文艺活动以及休息的关系。这个过程要慢慢摸索，经过一段时间的协调、磨合，培养有规律的学习生活和习惯，就会逐步适应新的生活。

3. 培养对专业的学习兴趣

学习兴趣是对学习活动的认识倾向，它是学习积极性中最现实、最活跃的心理成分。兴趣是情感的凝聚，学习兴趣是可以在学习过程中逐渐培养的。一个人如果对某件事情感兴趣，那么他就会深入、持久地去做这件事，力争达到预期目的。换言之，兴趣是最好的老师，带着兴趣学习可以使大学生学习时心情愉快，长时间学习才不会感觉到疲倦，所以要培养和激发学生对专业的学习兴趣，带着兴趣学习才能消除疲劳和厌倦心理。

4. 注意预防与消除心理疲劳

不会休息的人就不会工作，不注意劳逸结合的学习只能是事倍功半。要消除学习疲劳，除了培养学习兴趣，大学生还应该根据学校的课程安排和自己的实际情况制订科学、合理的作息时间，养成良好的生活习惯，保证体力和脑力消耗的营养补充以及充足的睡眠，加强体育锻炼，做到劳逸结合。学校还要创设良好的学习环境，嘈杂、脏乱的环境可能使人心烦意乱、焦躁不安，容易产生学习疲劳。大学生的学习除了鼓励学生个体努力学习以外，还要加强班风建设、学风建设和宿舍管理，营造良好的集体学习氛围，使学生能在窗明几净、安静祥和的环境与氛围中学习。

第三节　大学生学习动机培养与策略

一、大学生学习动机培养

当某项工作能使人们更接近期望的目标时，人们通常就会立即完成；当人们不愿意做某些事情但明知“应该做”或“必须做”时，一些人就会拖延时间，制造借口，以致很低效地完成工作。以上“立即完成”“拖延时间”“制造借口”的背后，是一种激发、引导、维持、行动并指向特定目的的力量，这种力量被称为动机。

学习动机即指向学习的动机，是满足学习需要的一种心理状态。学习动机具有激发指向、维持调节的功能，包含了内部动机和外部动机两种。内部动机是指对学习过程本身感兴趣，如对知识本身感兴趣；外部动机是指动机由外部因素引起，对获得内在的成果感到满足，如考试取得好成绩会获得奖学金和他人的表扬。外部动机不能转化为内部动机，真正推动和维持个人持续投入的是内部动机。

动机水平与工作效率呈倒 U 形曲线关系，即动机水平过高和过低都无法引起最佳的工作状态。工作的难易程度不同，所需的动机水平也不同：对相对简单的工作，需要较高的动机水平；而相对困难的工作，则需要较低的动机水平。比如做一项实验，需要持久的努力，不能一开始就动机过高。而对于不逃课这个任务，则需要强烈的动机，即使老师不点名，学生也要按时坐到课桌旁。

学习动机对学习起着巨大的推动作用，控制着正确的学习方向。在学习中常会遇到困难和挫折，对专业没兴趣，对学校不满意，缺少学习动力，校园里尖子生如云等原因都会使人失去学习的动力和信心，学习动机会帮助大学生寻找克服困难的途径，使他们持续主动地学习，从而取得优异的成绩。不足的学习动机会降低克服困难的勇气和决心，但过高的学习动机会使他们过于看重学习结果，制定的目标出现偏差，甚至成绩的微小波动都将成为引起情绪紧张，进而造成效率低下的原因。

（一）培养学习兴趣

学习兴趣是一种渴望认识世界、获得科学文化知识的意识倾向，这种意识倾向通常与个体的情感体验结合在一起。学习兴趣是学习动机中最现实、最活跃、带有强烈情感色彩的因素，它分为有趣、乐趣、志趣三个阶段。我们初次看到某个事物，被其外在的新奇现象吸引，产生时间短暂的直接兴趣，成为有趣；当再次看到该事物时，若对其依然充满兴趣，有趣逐步定向且形成乐趣，此时为兴趣发展的中级水平；当乐趣能够与个人理想和奋斗目标相结合时，乐趣转化为持续时间较长的志趣，志趣为兴趣的高级阶段，能够推动个体积极自学，当我们将专业兴趣提升到志趣阶段后，会自主地全身心投入学习。欲将专业渴求转化为志趣，快乐着学习并从学习中寻找快乐，学习兴趣的调节就至关重要。

- 兴趣需要培养。有人喜欢打篮球或弹吉他，并不是因为学习这些技能很容易，而是因为这项技能看起来很酷，能帮助交友、锻炼身体……对专业知识而言亦是如此，学好高等数学可以帮助学生分析实验数据，学好英语有助于传播中医药文化。鼓励自己，专业的积极暗示，了解和挖掘专业知识对自己的意义，在枯燥的专业知识理论中寻找与自己志趣相投的共同点，都是培养兴趣的有效方法。
- 兴趣需要知识的积累与实践。兴趣是在知识的积累和实践中逐渐增长起来的。设法将每一堂课的内容都听懂，对不懂的要认真思考或及时提问，课后积极练习，尝试实践，从每一次努力开始，得到一次喜悦的回报，学习的兴趣就会增加一分，对专业的兴趣也将逐渐增加。

- 兴趣需要迁移。学生不妨寻找专业课老师身上吸引人的地方，寻找老师讲课内容中与自己兴趣的关联，将自己感兴趣科目的愉悦心态转移到不喜欢的科目上。

学习的兴趣早已包含在生活中，不过是我们过分关注学习成绩和别人的评价，而掩盖了我们对习得知识的乐趣而已。当我们放下成见，将精力充分投入学习时，就会察觉到获取知识本身也充满趣味。

（二）妙用成就需要

需要是一种激发我们寻求满足的紧张状态，而动机是内心需要的外在表现，因此，主动学习的基础是找到一种迫切的需要。著名的需求层次理论将人的需要由低到高分为五个层次，分别为生理需求、安全需求、社交需求、尊重需求和自我实现需求，低层次需求得到满足后才能被高层次的需求所激励。大学生活已经基本满足了生理需求、安全需求，较为缺失的是归属和爱的需求，在此阶段需要正确认识自己，爱护和尊重自己，树立信心，正确地将失败进行归因，保持积极乐观的心态和面对挫折的勇气。

人们通常不会满足于达到一种相对稳定的状态，随着一个层次的需求得到满足，才会开始追求下一个层次的需求，将这种需求定义为克服困难，锻炼力量，努力从事困难工作的推动力就称为成就需要。随着研究的不断深入，成就需要逐步发展为成就动机，定义为与自己所持有的良好或优秀的标准竞争之下，个人所学习而来的追求成功的需要或驱动力，即希望独立并成功地完成或掌握一些充满困难或具有挑战的事情的一种愿望。

学习动机则主要反映在成就动机上。个人的动机水平依赖于其对目的的评价及达到目的的可能性评估，基于积极和消极两种情感的占优倾向将成就动机分成了力求成功和避免失败两种动机趋向。

人在做某件事情时，在受内心需求驱使的同时，也会评估成功的可能性和成功后所获得的奖励，如成就动机高的人会选择较为实际的工作，在成功和成功后的奖励（包含物质和精神两方面的奖励）中寻求最大平衡点，而避免失败的人会选择极易成功的工作，使成功概率最大化，或选择几乎不可能成功的工作，为自己的失败提供理由。这种力求成功和避免失败的心理倾向的两两组合组成了成就动机的四种类型。

- 高驱高避。高驱高避类型的人被认为是过度努力者，兼具成功定向者和避免失败者的特点，既受到成功的奖励和成功本身的诱惑，又对失败充满恐惧，在面对一项任务时交织着追求和排斥两种情绪。这种类型的学生在他人面前常表现得淡定、贪玩，不在乎考试，私下里却偷偷努力，尝试用成功来逃避失败，会受到紧张和冲突情绪的困扰。这类学生需要调整自己的目标和价值观，鼓励自己放慢速度，逐步接近目标。
- 高驱低避。高驱低避类型的人被称为趋向成功者，对学习有极高的兴趣，对事物充满好奇心，表现力强、自信、勇敢、机智，相信学习本身极具价值，能够自主学习并在学习中获得乐趣。这种类型的人学习十分认真，课后也热衷于学习，不断尝试新事物，愿意超越现状，发展自我。这类学生可着重发挥特长，在活动和比赛中获得鼓励，培养高尚的情操，积极热情地帮助他人，挑战更多可能。
- 低驱高避。低驱高避类型的人被认为是逃避失败者，对成功的期望很低，习惯于逃避失败，怀疑自己的能力，担心被指责，常感到焦虑和紧张。这种类型的人在学习上并不存在问题，但学习兴趣很低，动机不强，表现为懒惰、无所谓，甚至抵触和逃避。这类学生需要在学习中多做尝试，增加成功的体验，寻找学习兴趣，培养自信心。

- 低驱低避。低驱低避类型的人被称为接受失败者，不奢望成功，也不恐惧失败，拒绝与挑战有关的任何事物。表现在对需要努力的事情直接拒绝，上课不听讲，下课不复习，逃避与学习有关的作业上。这类学生需要寻找更多表现机会，从简单任务着手，以获得家长、朋友、教师的支持和鼓励，培养学习兴趣，强化内部学习动机。

目标的吸引力越大，个人的主观能动性发挥就越大，成就动机就越高；实现目标能够施展才华的机会越多，成就动机也越高；当具有一定挑战且成功概率较高时，成就动机则越高。因此保持信心和动力，设置合理的目标，主动思考，不畏挫折，敢于挑战，成功的可能性就会更大。

（三）制定学业目标

学业目标是指个人从事学习活动所要达到的目的，分为掌握目标和成绩目标。掌握目标是个人从事活动的目的指向掌握和理解该项任务，发现新技能，提高自身能力；成绩目标是指个人从事活动的目的在于比别人做得更好，超过外界的要求标准，进而获得他人对自己能力的肯定和赞扬，避免他人对自身能力的否定评价。掌握目标是为了获取学习活动所要传递的知识和技能，在遇到困难时，设定掌握目标的学生更可能坚持努力学习；成绩目标定向为对学生能力的测试结果，而并非学习的机会。

学业目标是引发学习行为的主要动力之一，如大学生考前复习是为了不挂科，积极参加实习是为了顺利毕业。大学生都知道目标很重要，但是制定目标要花时间和精力，后续的麻烦和不确定的状态使得大多数学生不愿意设定目标。没有目标和方向感，只能带来茫然的纠结，纠结的结果是时间的流逝、机会的丧失、失败的后果。所以，对于尚处在人生和职业探索期的大学生而言，精心制定的目标很重要，目标切不可随意制定。

学业目标可以分为长期目标、中期目标、短期目标、小型目标和微目标。长期目标涉及个人想要的生活、事业、婚姻等事项。大学生在设立这类目标时最好保持目标的宽泛和灵活，进行多样探索。中期目标是人生今后 5 年内的规划，包含寻求的教育类型、对职业的规划等。大学生要对这类规划有较大的控制能力。短期目标的时间范围为从下个月起至今后的一年时间，可设立为实际且通过努力可以实现的目标。小型目标涵盖一天到一个月内的所有事情。大学生应对这类目标有很强的控制能力，且应尽可能详细明确。微目标是从现在起到未来几个小时的目标，这类目标可直接控制。大学生应设立清晰具体、具有明确时间节点的微目标。

此外，还有中长期目标，中长期目标包含了个人对整个生活状态的期待，是个人价值观、人生观、世界观的体现。在设立这类目标时，个体要维护自我和谐的状态，符合自身条件和观念。大学生在大学期间需要树立远大的理想，把个人的前途与国家的命运联系起来，把自我价值的实现和社会现实联系起来，多做审视探索，及时调整方向，让自己保持动力和信心，将目标转化为行动，坚持奋斗才会成功。短期、小型和微目标的设立遵循 SMART 原则：S 代表具体（Specific），指绩效考核要切中特定的工作指标，不能笼统；M 代表可度量（Measurable），指绩效指标是数量化或者行为化的，验证这些绩效指标的数据或者信息是可以获得的；A 代表可实现（Attainable），即在付出努力的情况下可以实现绩效指标，因此应避免设立过高或过低的目标；R 代表相关性（Relevant），指绩效指标与工作的其他目标是相关联的，与本职工作也是相关联的；T 代表有时限（Time bound)，注重完成绩效指标的特定期限。

- 目标必须是具体的，如将目标设定为“背完50个单词”比“背英语单词”要具体得多，操作性也更强。
- 目标必须是可以衡量的，如“背完50个可以默写出来的单词”，就是一个可以衡量的目标，具有核查功能。
- 目标必须是可以达到的，如“期末考试平均成绩达到80分”比“期末考试不挂科”和“期末考试门门考满分”要合理得多，设定的目标要符合自己的实力和实际条件，目标的难度应当具有一定挑战性，“努力一下就可以实现”可作为设立目标时用以把握的度。
- 目标必须与其他目标具有相关性，如同学习和生活不能分割一样，目标的设定也不能单独存在，需要是一个目标群。
- 目标必须有明确的结束日期，有一定时间压力的目标更利于集中注意力和付诸行动。

学业目标的制定是满足学业要求的手段，不配合行动永远无法实现。设立好目标后，必须采取措施，按计划行动，停留在只做出了改变还未发力就已经感觉良好的即时满足感，只能带来新一轮的后悔和懒惰。寻找真正感兴趣的事物，当遇到挫折时，要原谅曾经的自己，关注真正有价值的东西，着眼于创造未来、追求成长。

二、大学生学习策略运用

科技发展迅猛，信息社会不断变革，知识总有一天会变得陈旧无用，不断学习才能不被时代抛弃，而学会学习、掌握学习知识的方法才是真正重要的资本。目前，大学生对学习策略的应用水平普遍较低。虽然大多数学生具有一定的学习策略与知识，但对它们的恰当选用显得盲目，同时对于知识本身，只关注课堂学习，而不重视对知识的深加工和资源的合理配置，对巩固知识的方法掌握不好。面对当下的学习任务，找到知识的规律，遵循学习规则，避免拖延，将资源进行最大化利用以帮助我们提高学习效率，是大学生亟须掌握的技能。

学习策略是学习者为了提高学习效果和效率，采用的规则、方法、技巧和调控方法的总和。学习策略的使用是学生学习水平的重要指标，目的在于用较少的“能源消耗”有效地实现学习目标，进而提高学习效率和质量。学习策略具有四个特征：学习者为了完成学习目标而主动使用；是有效学习所必需的；与学习的过程相关；主要体现在学习计划上，由规则和技能组成。

（一）学习策略之类型划分

学习策略可以概括为认知策略、元认知策略和资源管理策略三方面。认知策略对学习者的心理过程产生调节和控制作用，是一种特殊的程序性知识，如复述策略（简单的知识多重复，复杂的知识做标记）、精加工策略（做笔记，自我提问，利用已有知识背景与新信息产生联系）、组织策略（列提纲，画出关系图，制作表格，将新旧知识进行整合）等。元认知策略可对学习者的认知过程和结果进行有效的监视和控制，是个人关于自己认知过程的知识和调节这些过程的能力，如自我计划策略（制定学习目标，提出待回答问题，分析如何完成学习任务）、自我监控策略（自我提问，考试时监测答题速度，阅读时注意跟踪效率）、自我调节策略（做法与自我监控策略类似）等。资源管理策略辅助学习者管理可用的环境资源，包含了时间管理、学习环境管理、努力状态和寻求支持策略等。

大学生对学习策略的使用无明显的性别差异，但在时间配合、寻找合适的学习环境和寻求帮助等资源管理策略方面，女大学生比男大学生表现得更加突出。因此，本节着重描述资源管理策略的掌握方法。

（二）学习策略之风格分析

学习风格是指学习者对学习环境的感知和认知方式，这种学习方式结合了学习者的学习策略和倾向，表现出相对稳定且具有个体特性的学习方法。当个人的学习方式没有受到学习环境和内容的影响，始终保持连续和连贯的学习策略与倾向时，其所特有的学习风格便得以确定。

1. 学习风格特性

学习风格的形成受到先天生理因素和后天环境影响的双重作用。学习者基于个人的生理特征，并在家庭环境和教育方式的影响下，逐渐形成了具有个人特征的学习模式，其中个人性格、思维方式和观念意识等内部因素在学习风格形成中起决定性作用。学习风格具有四个特性：个人的生理特征和学习环境存在差异，学习风格具有独特性；学习方式一旦形成，不会轻易发生较大变化，学习风格具有稳定性；随着年龄和阅历的增长，学习风格也会改变，也就是说具有可塑性；学习方式在学习活动上得以直接体现，学习风格具有直接性。

2. 学习风格类型

根据巴巴拉 · A. 所罗门（Barbara A. Soloman）学习风格测试量表，学习风格从知识的加工角度分为活跃型和沉思型，从知识的感知角度分为感悟型和直觉型，从知识的输入角度分为视觉型和言语型，从知识的理解角度分为序列型和综合型。

- 活跃型。活跃型学习者更倾向于积极地参与学习过程，乐于讨论、解释和应用所需掌握的信息，但也存在急于求成、不能全面细致地分析问题的现象。这类学生多采用整体加工的方式，在完成需要做整体完成的学习任务时表现较好，在面对阅读、推理等学习任务时常表现不佳，甚至伴有学习能力缺失的问题。这类学生人际智力突出，参与、分享和合作形式的学习效果最好。

- 沉思型。沉思型学习者通常会在考虑周全后再做反应，精确度高，面对熟悉且简单的问题时反应较快，但当需要解决复杂问题时反应较慢。这类学生善于细节性加工，在阅读、记忆、推理、创造力方面都表现较好。这类学生内省智力突出，适合独立学习。
- 感悟型。感悟型学习者对细节很有耐心，对知识的学习更加实际和仔细，擅长记忆事实，喜欢做现成的工作，但是面对复杂和突发情况往往表现不佳。这类学生自然观察能力较强，通过直接观察和体验式的学习效果较好。
- 直觉型。直觉型学习者善于发现事物之间的关系，对新概念和新知识有较大的热情，能够理解抽象的知识，更具创新能力，但当面对需要重复性的学习内容时往往没有耐心。这类学生数理逻辑较好，利用抽象思维寻找一般规律的学习效果较好。
- 视觉型。视觉型学习者擅长记住他们所看到的东西，如影片、图表、演示等内容，可以在同一时间段内接收多项信息，善于发现微小的细节，但易于被其他容易看到的事物干扰。这类学生视觉空间智能突出，善于对知识内容做标记，有助于在这类学习内容上获取知识。
- 言语型。言语型学习者善于通过文字和口头解释获取知识，喜欢用口述和笔记的形式表达信息，但当过多的观察文字和口头信息输入时，其表现会受到影响。这类学生词语智力较为突出，用听说的方式学习效果最好。

- 序列型。序列型学习者倾向于按部就班地寻找答案，习惯于按照线性步骤理解问题，每一步都相互关联，根据逻辑关系逐渐深入学习，但一旦信息衔接不上就会失去头绪，甚至影响前面获取到的内容，在面对需要将不同信息进行联系时，往往表现不佳。
- 综合型。综合型的学习者能够快速解决问题，喜欢没有特定计划、随意地接收信息，一旦找到了信息的主要部分，就会用新奇的方式将所有信息整合起来，但对知识的细节把握模糊。

学习风格不是绝对的，没有好坏之分，每个人都具备这些倾向，只是表现出的倾向程度不同，要选择适合自己的方式在最擅长的领域学习。没有人能够学会所有的知识，重要的不是喜欢或习惯采用某种方式，而是发现和接受自己，挖掘潜力，发挥所长。

（三）学习策略之时间管理

在学习中无论是拖延、纠结，还是低效，都与时间管理密切相关，它直接影响了我们的学业成绩和生活质量。大学生学习的改变首先从改变行动开始，而改变行动最主要的一点就是学会管理时间。

1. 时间管理的作用

时间管理是指对时间的计划、安排、控制、分配、使用、反馈等活动，以实现相应的目标。时间管理包含三个方面：时间价值感，即对时间的功能和价值的态度与观点；时间监控观，即利用和统筹时间的能力和观念；时间效能感，即对自己驾驭时间的信念和预期，体现了个人对时间管理的信心和对行为能力的估计。

时间管理既是手段，也是能力。善于驾驭时间的学生对学习更有掌控力，有更强的自信心和自尊心，能够出色地完成学习任务，提升学习效率，提高学习成绩。此外，时间利用率越高，业余时间就越多，留给个人娱乐和休息的时间也越多，良好的生活质量和身心健康就能得到保障。

2. 时间管理阶段

掌握时间管理需要经过以下三个阶段。

- 认识时间。在面对学习困难时，我们常会选择逃避或拖延的态度来面对，但这样做往往会丧失自身的优势。不妨尝试着计算一下拖延成本：写下一周内已经安排好的日程，详细记录每天确定要完成的事情，将记录间隔分为一个小时。回顾一下，在一周的非计划日程中，有没有未安排完的事情；一周内有多少时间用于实现目标；是否对要做的事情感到烦心；思考产生心理感受的原因。
- 时间规划。所有要做的事情都可以按照紧迫性高低和重要性强弱分类别，我们常将大段时间放在紧迫但不重要的事情上，但实际上，我们最应该着重分配时间的是重要的事情。将事情划分为不同等级之后，再据此分配时间，保证要事第一。
- 体验与反思。时间管理还需要行动，在具体操作时可借助以下方法：明确真正要做的事情，同一时间段内只做一件事；向他人做出承诺，利用监督的力量克服困难；当我们感到不在状态时，告诉自己再坚持5分钟；当注意力无法集中时，定好闹钟休息10~15分钟；回顾要做的事情和完成时间，反思还存在哪些问题；思考该如何做出改变。

时间管理是一种技巧，不要为此感到紧张或担心，每个人都有适合自己的管理方法和能力，只要开始行动，态度就会发生变化，加入专注力，方法也将随之变得科学。进行时间管理时，要给自己留有休息和娱乐的时间，无论是提高学习效率，还是专注于娱乐，目的都是成就一个自己期待的人。

（四）学习策略之记忆方法

记忆是对获得的知识进行存储和读出的神经过程，也是认知系统的重要环节。所有推理、运算、语言、分析等高级认知活动的基础都是记忆。三级加工模型将记忆分为瞬时记忆（又称感觉记忆）、短时记忆（又叫工作记忆）和长时记忆。瞬时记忆是信息进入大脑，刺激感觉器官所引起的短暂记忆，其保持的时间在 1 秒左右，此时的信息都处于未加工的原始状态。短时记忆是当信息经过瞬时记忆的筛选进入登记阶段，是长时记忆的中转站，短时记忆的容量有限，只能一次记住 7 ± 2 个无意义的组块，而且这些组块若不加以复述就很容易被遗忘。长时记忆是信息的存储中心，能够永久存储信息，它的容量是无限的，长时记忆以有组织的状态存储，主要由短时记忆复述而来。

1. 记忆的影响因素

系列位置效应使得我们对学习内容的开头和末尾记忆深刻，如在背课文时，前几句话留下的印象总是最深的，而中间部分由于受到了前面和后面内容的前摄抑制和倒摄抑制，对其记忆效果最差；记忆具有场合相关性，学习环境和记忆线索的匹配度会直接影响记忆效果；当学习内容既有意义又可理解时，记忆效果最好；当相关领域知识越丰富，情绪越正向时，记忆效果越好。我们可以利用记忆的特点和影响因素，强化大脑功能，提高记忆力。

2. 记忆的方法策略

- 及时复述，定期复习。经过瞬时记忆筛选的信息首先进入短时记忆，短时记忆中的一部分经过复述进入长时记忆，未经复述的部分在短时记忆中保持一分钟左右后将被遗忘，因此需要及时复述，调动身体器官，集中注意力重复知识内容，以此加强有效的记忆。人们遗忘的过程是先快后慢，在知识内容记忆 20 分钟后会遗忘 40%，而在几天之后，记忆的内容将所剩无几，定期复习可以有效减缓遗忘进程。

- 联想记忆，增强理解。长时记忆的内容是放射性的、相互联系着的，在记忆过程中应尽可能地提问，以便加深对记忆内容的理解。也可以主动将现学的知识与以往的知识联系起来，采用图像、颜色标记，不同记号等手段调动左右脑加深记忆。
- 匹配环境，调节情绪。给学习内容想象一个尽可能详细的图像，反复练习可帮助大脑在想象中获得体验感，增强记忆。在模拟的考试环境下学习和识记，可帮助大脑提取与记忆情景一致的信息。紧张的情绪会破坏记忆和认知作用，调节好正向情绪，记忆效果才会提高。

除了以上记忆策略外，将学习环境和娱乐场所分开，布置学习环境，使桌布、墙壁等颜色具有寂静感，都可以帮助记忆。此外，在学习时不受干扰，提高注意力，专注在所要记忆的内容上是最基本、最重要的记忆方法。

（五）学习策略之创造性学习

随着社会发展、科技进步，教育对大学生的创造能力提出了新的要求。我们通常会把创造力与出类拔萃的天才联系起来，普遍认为自己的创造力不够，但实际上，创新无处不在。策划一个活动，想到一个舞台剧的点子，排练一段舞蹈，改编一首歌曲，甚至组织一场学习交流班会，都是创造力的体现。在学习中，培养创造精神可以增强学生之间的合作意识和动机，增进学习交流，使每个人的学习方法和学习能力都得到提高。

创造性学习指的是学生在学习的过程中不局限于教材上或教师所讲授的内容，能够提出独到新颖的观点和方法。创造性学习主要在个人的学习活动中体现：在实践中，能够找到不同的推导过程或思维过程来指导实践；在学习中，能够独立自主地思考，探索出与之前相同的或不同的推论和判断；在解决问题或分析问题时，具有批判精神，全面考虑，找到多种方法和途径。

创造性学习的核心是进行创造型思维，它包含了发散思维和聚会思维。发散思维的思路是面型的，主要依赖右脑的审美型生理机制，追求更多、更新型的想法；聚会思维的思路是线性的，主要依赖左脑的分析型生理机制，追求更理想、更科学的可能性。当个人的思维进行由发散到聚合，由再发散到再聚合的活动，促使意识状态从不平衡到平衡，再从新的不平衡到新的平衡，此时新的观点和思想才得以产生并发展。创造性学习能力可以从以下四方面进行培养：

- 积累知识。创造力的基础是认识对象，在事物尽可能多的角度上发现问题，分析其关联性，从而获取解决问题的办法。获取的知识越丰富，越容易将知识以有用的方式整合起来，获取的知识才会更有深度和广度，创造前景才会更广阔。
- 培养创造性思维。首先，学会质疑的方法，对学习内容中已有的观点、结论和成果进行大胆存疑，提出问题，寻找突破点；其次，解放大脑并进行大胆想象，可以帮助我们冲破知识经验的束缚，反思过去，为创造力架起桥梁。
- 拥有热情。无论是学习知识还是追求真理，我们都需要坚强的意志和持续的关注，积极参与学习交流、设计竞赛等活动，在激励环境中吸取经验，保持求知欲和好奇心，在交流和激励中产生新思维。

- 坚持实践。经验可以指导实践，实践反过来会完善经验。实践有助于理解和巩固知识，使抽象的理论变得生动具体，同时理论在实践中相互作用，联系整合，众多的新问题也在实践中应运而生。

在大学生的学习过程中，尝试新事物，开辟新道路，换个角度思考问题，不仅有助于找到解决问题的方法，获取实现目标的途径，还可以在这个过程中发现新思路、新办法，创新也会随之而来。

第五章

大学生心理健康的多元发展

第一节　大学生人际交往心理解读

一、大学生人际交往原则与能力完善

（一）大学生人际交往原则

大学生要提高人际交往能力，建立、维系和发展良好的人际关系，必须了解和遵循人际交往的几个重要原则。

1. 真诚的原则

真诚是做人之本，是美好品德的体现。真诚是打开别人心灵的重要方式，因为真诚使人产生安全感，减少自我防卫。越是好的人际关系，越需要关系双方暴露一部分自我，也就是把自己的真实想法与人交流，如果完全把自己包装起来，将无法获得别人的信任。大学生只有以诚相待，才能建立起信任感，才能促进人与人之间的交流与合作。

2. 平等尊重的原则

寻求尊重是人们的一种较高层次的心理需要。平等尊重是个体进行交往的基本前提。大学生自我意识和自尊心比较强，他们在交往中特别注重人格平等，希望得到别人的尊重。尊重包括自尊和尊重他人。自尊就是在各种场合都要尊重自己，不轻视自己。尊重他人就是要尊重别人的生活习惯、兴趣爱好、人格和价值。只有平等待人，才能得到别人的平等对待；

只有尊重自己、尊重别人，才能得到别人的尊重。自我尊严得以维护，自我价值得到承认，这是许多人最强烈的心理欲求。只有始终注意这一点，人们才能在交往中应付自如。

3. 互利互惠的原则

只有交往的双方都能从交往中获得某种需求的满足，良好的人际关系才能建立和维系。若交往中的一方只想获得而不给予，那么这种只有单方获得好处的人际交往便不能长久。互利互惠性越高，交往双方的关系就越稳定和密切，反之，交往双方就越疏远。互惠互利不能简单地理解为等价交换或物质、经济上的相互给予，而首先应该理解为人际交往中的相互支持、相互帮助、相互爱护。好的人际关系是双方都能受益的，交往双方要讲付出和奉献，既有物质上的相互扶持，更有心理及情感上的相互慰藉和满足。对大学生而言，互利互惠主要是指精神方面的互利，如互相关心、互相爱护、互相帮助、互相理解、互相尊重等。人际交往是建立在相互需要的基础之上的，健康、成功的交往是人与人之间的一种互利互补、双方受益的双赢活动。

4. 宽容的原则

宽容原则是指在人际交往中对于非原则性的问题或矛盾要有耐心，持包容忍让的态度，用豁达、开阔的胸怀来接纳别人的缺点。宽容就是指在心理上能接纳各种不同特征的人。每个大学生都是独特的个体，都有各自的性格、习惯、兴趣、爱好、优点和缺点，因此，不同的个体碰撞在一起，难免会产生矛盾，但若能经常换位思考，多站在对方的角度考虑问题，多体察别人的心境，人们就能对他人不同的观点、见解、行为方式及错误持宽容理解的态度，相互间产生的误会、委屈就会烟消云散。宽容是良好人际关系的润滑剂，有利于人们在学习、生活和工作中保持融洽的人际关系，并赢得更多的朋友。

5. 信用的原则

信用指一个人诚实、不相欺、守诺言，从而取得他人的信任。人如果不讲信用，那他就不知道该怎样立身处世。守信就要做到说话算数，不轻许诺言，答应别人的事要尽量做到，做不到的要讲清楚，以得到对方的理解。在人际交往中，与言而无信的人交往时，人们内心会充满焦虑和怀疑。言而无信的个性品质很难取信于人，不利于人际关系的建立和融洽；言而有信的个性品质会产生人际吸引和安全感，利于良好人际关系的建立、维系和发展。

（二）大学生人际交往能力完善

1. 自身角度的完善

人类具有与他人进行沟通的愿望与潜能。沟通体现在两个个体之间的交流上，其形式包括言语和非言语，目的是使沟通的双方相互理解。人与人之间的沟通是一门学问，沟通的知识与技巧十分值得研究与学习。大学生应从以下五个方面进行自我角度的人际交往能力完善。

（1）第一印象

第一印象是知觉主体与陌生人在第一次接触后所获得的印象，它像人的门面一样，对人们总体印象的形成具有很大影响，并且也会成为人们决定是否继续与之交往的重要依据，这也是人们常说的“先入为主”。如果一个人给别人留下了不好的第一印象，那么他想在之后的交往中再挽回形象就有一定的难度。因此，在与别人初次接触时，应注重第一印象的形成，多争取印象分。尤其是当人来到一个全新的环境中时，树立良好的第一印象能有效消除陌生带来的紧张感，帮助个体与他人实现有效交往。如何给他人留下好印象，可以从以下四个方面入手。

- 发挥长处。每个人都有自己的优势和劣势，如果能充分展现出自己的优势所在，便会更容易获得别人合作的意愿。因此，与人交往要充满自信，大胆地发挥出自己的长处。
- 适应场合。与人交往的环境并不是一成不变的，因此，人们也应该针对不同场合改变自己的表现，避免展现出一成不变或不得体的状态。需要注意的是，变化要自然、不做作，人们要在言行一致的前提下，因时因地地展现出不同的自己。
- 放松心情。放松是与人交往中十分重要的环节，既要让自己放松下来，也要使交流对象感到轻松。和谐的沟通通常出现在轻松的氛围之中，因此，与人交往时要由内而外地放松自己，不要过于紧张和严肃，尽量使用轻松幽默的语调，避免苦闷生硬的交流。
- 使用眼神。眼神交流是人与人之间沟通的重要组成部分。人们在进行一对一交流时，眼睛可以望着对方，使自己看起来真诚且尊重对方；面对众多对象时，则可以自然地环顾四周，将眼神落到每一个人身上，让自己看起来友善而从容。

（2）自我表露

人们可以从亲密关系中获得美好的感受。这是因为在这样的关系中，信任占据了人的内心，人们可以没有顾虑地展现自己、表达自己，不需要承受担心失去友情或爱情的焦虑感，这种特点在心理学上被归结为自我表露。自我表露的程度会随着相互关系的深入和发展而增加，同时越来越多的自我表露又可以促进双方了解彼此，这种循环会发展到一个适当的水平。

大多数人都喜欢能够彼此坦诚相待和倾听对方表露的亲密关系。一方面，人们对于自己的表露能被倾听和接受感到开心；另一方面，也会因为自己被表达者信任而高兴。人们喜欢能够敞开胸怀的人，也愿意向喜欢的人敞开心扉，并通过自我表露加深对他们的喜爱。在生活中，如果人们自我表露的机会不多，始终未能发展这种亲密关系，则其内心会产生深深的孤独感。

当人们受到挫折或感受到沮丧、生气、焦虑等负面情绪时，通常会进行更多的自我表露；对于生活中那些期待与之有更多交往的人，人们也会进行更多的自我表露；此外，安全型依恋的人相较于其他类型的人会进行更多的自我表露。关于人们的自我表露，存在一种互惠效应：一个人的自我表露会引发对方的自我表露。

自我表露可以使人们卸去伪装，表现出真实的自我；对他人敞开心扉，并充分享受他人的自我表露带来的信任感；可以使人与人之间的交往更加顺畅、愉悦。

（3）微笑与倾听

让别人接纳并喜欢自己最好的方法就是常常微笑。人际交往是一个互动的过程，情绪是可以相互“感染”的。与人交流的时候，如果面带微笑，对方也会不自觉地被感染，而回馈同样的微笑。这样，双方的心情都会变得愉悦起来，事情也就容易谈成。同时，作为一种特殊的语言——“情绪语言”，微笑可以和有声语言及行动相配合，两者起到“互补”作用，给人以美好的享受。

对人微笑是一种有礼貌的表现，它能展现出一种力量和涵养。笑容代表一种希望，喜欢微笑的人具有一种温暖的力量。微笑可以感染愁云密布的人，使他们拨云见日；微笑可以温暖身心俱疲、压力重重的人，使他们重获希望；微笑可以向周围需要帮助的人传递光明与快乐，也可以使自己成为一个受欢迎的人。因此，人们要学会微笑，无论是在工作中还是在生活中，无论是在顺境中还是逆境中，都应该保持发自内心的微笑。

在一般认知中，人们会认为能说会道、八面玲珑的人才是善于交际、更受欢迎的人。其实不然，真正为人们所喜爱的是善于聆听的人，真正为人们所接受的是表露与聆听的交际方式。善于聆听是一个成熟的人所应具备的基本素质。“倾听别人诉说时要保持心理平和，将注意力集中在对方倾谈的重点。要学会站在对方的立场多为他人考虑，不要用自己的价值观去指责或批判别人的想法。”①

（4）拥有同理心

同理心是站在对方的立场上设身处地进行思考的一种方式，又被称为换位思考、神入、共情。在人际交往过程中，同理心可以使人体会到他人的情绪，理解他人的想法，感受到他人的感受，并站在对方的角度上分析和解决问题。同理心主要体现在情商范畴内的方方面面，如倾听能力、表达尊重以及情绪自控的能力等。

需要注意的是，同理心并不是同情心，二者不可混淆。第一，同情心是从自身的观点出发，用自己的认识去看待别人的困扰，并产生怜悯之心；同理心则是从对方的感受出发，站在对方的处境思考问题。第二，同情心产生于了解别人痛苦的具体原因之后；而同理心是只要在情感上站在对方的角度上便可以产生，不需要太多同情。

人是独立的个体，人与人之间的思想差异巨大，因此，想要达到完全的同理是不可能的。但是，人们仍然可以通过学习增强同理心，提升感受

① 郑华：《当代大学生人际关系优化研究》，硕士学位论文，信阳师范学院，2014年。

力，养成通过别人的眼睛看世界的能力。

这就是人们常说的感同身受。人们通常会更加喜欢那些喜欢自己的人。这是因为，当谈话者感觉到来自倾听者的兴趣与理解，特别是无论他说的内容多么荒诞和离奇，倾听者仍然表现出这种理解和关注时，谈话者会产生强烈的心理安全感，能够更加放松、坦率地表露自己。长此以往，谈话者的态度会使倾听者以同样的方式对待自己。由此可见，以诚恳和接受的态度与别人交流，能够促进对方进行自由自在的表达，这就是“同感”。同感可以营造良好的交流氛围，使双方无拘无束地探索自我、表达自我，加强彼此的沟通，增进彼此的感情。我们可以从以下两个方面来理解感同身受。

- 非言语行为。人类具有广泛的非言语行为，如姿态、表情、语气、目光等，这些都在人与人的交流过程中发挥着巨大作用。当言语及身体词汇表达信息不一致时，首要原因通常为表情，其次是音调，最后才是言语本身。因此，善于交流的人通常具有多方面的沟通能力，他们不会局限于言语，还会通过表情、姿态、目光、语调等非言语行为来表达对对方的理解与关注。同时，善于交流的人也能够敏感地捕捉到对方传递出的非言语行为，并有效解读出其中传递的信息，理解其中传递出的情绪。
- 言语交流。言语交流是人与人之间交流的主要方式，感同身受的理解最关键的是要理解谈话者言语中的信息与情感。与别人进行言语交流时有一些技巧，比如：通过重复别人的话语表达自身注意力的集中；通过鼓励别人进一步表达自己对谈话的兴趣；适时说一些支持的话语，恰当地运用沉默；对对方所表达的内容进行反馈等。其中最为关键的是不能将自己的观点带入交流过程，不能站在自己的角度上对对方进行指责或批评，而应该通过想象在自己和他人的体验中建立一种联系。在充分理解对方的情感体验后，个体就能够更多地去喜欢、接受对方，更加愿意帮助对方，这可以使彼此的情感产生一种相互作用：当一个人理智、充分地理解对方的情绪时，便可以预期他人的行为并做出恰当的反应。这对于人际沟通而言具有十分重要的意义。

2. 交往过程的完善

在人际交往过程中，有的人能如鱼得水、左右逢源，但有的人却屡屡碰壁、处处受挫。掌握一定的人际交往艺术可以帮助人们在交往活动中增进彼此的沟通和了解，缩短心理距离，建立和维护良好的人际关系。

（1）主动交往并赞美他人

多数人的交往愿望都很强烈，但是能够主动发起交往活动的人却不多，很多人不是主动去接纳别人，而是在等待别人来接纳自己，因而会错过很多机会。许多交际成功的人往往都是主动交往的人，而非被动地等别人来结交自己。要想得到朋友，就必须主动，包括主动地接纳别人，主动与人打招呼，主动关心、帮助他人，主动化解人际冲突等。

热情是最能打动人和吸引人的特质之一。一个充满热情的人很容易用自己的良性情绪感染别人，主动和人打招呼、微笑，让人感受到被尊重、被接纳的愉悦和轻松，从而喜欢和他们交往。

主动关心、帮助他人可建立良好的第一印象，缩短彼此的心理距离，快速建立起密切的关系。这种关心、帮助并非简单地指物质方面的帮助，更重要的是出于真心的感情上的交流、精神上的慰藉、对痛苦的分担和对困难的解决。因此，日常生活中的“雪中送炭”“患难之交”往往能使人们建立起深厚的友谊。而当遇到人际冲突或矛盾时，主动交往的人常常能首先伸出橄榄枝，积极地想办法化解矛盾，及时消除隔阂，使人际关系得以维护和发展。

在生活中，很多时候，帮助别人其实是在帮助自己。心与心之间架起一座桥，让对方先行，自己也能行得畅顺。帮助别人，总有一种快乐盈满心间，因此收获快乐的利息；帮助别人，总有一种感恩寄存在别人的心间，因此将收获感恩的利息；帮助别人，总有一种善念以循环的形式出现，让别人再去帮助别人，因此将收获回报的利息。

渴望别人的赞扬和肯定是人的一种自然天性。当个体满足他人被欣赏的需要时，自身也能收获好的人缘。赞美他人既能带给别人快乐，也能带给自己快乐。一个人在赞美别人时要注意如下两点。

- 赞美要真诚、适度。在与同学相处的过程中，把握恰当的机会给别人以赞美，被赞美者心里会很高兴和感激。赞美是一种激励别人又激励自己的人际协调技术。相处中因赞美而使大家自信、充满快乐，因赞美而能化解心中的积怨与矛盾，赞美使陌生人成为挚友，使朋友成为知己。不论关系的亲疏程度如何，适当的赞美都必不可少。需要注意的是，赞美一定要真诚、适度。如果不分时间、地点、场合随意地赞美别人，或夸奖的内容是对方所不具备的，就会令人感觉言不由衷、不真诚，反而会阻碍彼此之间的交往。
- 赞美他人身上并非显而易见的特点、优点。赞美最好是在意料之外，又在情理之中。如果你能设法赞美对方本人都未意识到的优点，这份独特的重视就足以打动他。当然，一定要在情理之中。只要用心感受、留意寻找，就能发现每个人都有其特点和优点。

（2）学会欣赏他人

人们渴望得到赞美，在家里希望得到父母的赞美，在学校渴望得到老师的赞美，在单位期望获得领导的赞美，在朋友交往中盼望得到异性的赞美。赞美是激励每一个人积极进取的催化剂，也是每一个人赖以生存的精神食粮。

赞美能给人以希望、信心和继续生活的勇气。赞美别人，就是肯定自己，由衷地表达对别人的欣赏是自信的表现。在别人的优点中，可以肯定自己的眼光；在别人的特色中，可以肯定自己的气度；在别人的表现中，可以肯定自己的观察。懂得赞美会使故事更动人。当赞美别人时，会发现自己拥有无限潜能去感动身边的人。赞美是人际交往中最能打动人心的语言。赞美别人是搞好人际关系最有效的“润滑剂”，是“于人有利、于己无损而有利”的事，赞美是一种非常有效而且不可思议的推动力量。

赞美的时候应从具体的事情入手，善于发现别人哪怕是微小的长处，并不失时机地予以赞美。赞美用语越具体，越说明对他的了解、对他的长处越看重。让对方感到真挚、亲切和可信，彼此的人际距离就会越来越近。大学生可以从以下两个方面学会具体化赞美。

- 指出具体部位，说明特点。这适用于对外表的赞美。例如，眼睛明亮，脸型好看，面带福相，气质儒雅，高贵洋气，身材苗条等。可以从对方的相貌、服饰等各方面寻找具体的闪光点，然后给予评价。
- 列出事实，并给予具体的评价。就是向对方表明自己的感言发自肺腑。

（3）善用批评

对朋友在其得意忘形时的劝告，与对他在悲痛失望时的鼓励一样可贵。尽管人都不喜欢受到批评和指责，但批评又是一剂推动成长的良药。要使批评有效，必须注意以下四个方面。

- 注意场合。尽量在只有双方在场的情况下进行批评。若当着旁人批评他人，对方很可能会首先意识到自己的形象和自尊受损，而不是自己所犯的错误，使得批评只会增加对方的反感和抵触。

- 对事不对人。不要将事情和对方的人格、能力牵扯到一起，因为人格、能力比具体的事情更重要，而是要在肯定对方人品、能力的前提下，以提出希望的形式间接让对方知道应该改进的缺点。
- 不翻旧账，理性批评。在批评别人的时候，有的人爱翻旧账，令人无法心平气和地接受。理性批评应该针对现在、此情此景、就事论事，公正合理地指出他的好和不好，如此被批评的人方能接受。
- 批评他人前，先反思自己。人们往往容易原谅自己的缺点，而对他人苛刻。个体不妨反思自己使别人不满之处，不要试图去改变他人，先改变自己，自己先做好，才可促使对方意识到自己的问题而进行自我改进。在人际交往中，总体原则应该是多赞扬、少批评。批评要有建设性，最好能以讨论问题的方式展开，这样既能解决问题，又对双方的发展有利。

（4）正确对待分歧

互相讨论对于思想交流十分有益，但讨论与争论具有本质上的差异。争论的重点在“输赢”，双方都力图改变对方的观点，证明自己是对的而对方是错的；而讨论的重点在交流，双方的目的是通过思想碰撞找到更加合理有效的方法，实现双赢。当自己的观点与他人出现分歧时，大学生可以以下几条原则为指导解决分歧、增进沟通。

- 平和对待分歧。人们要以平和的心态看待不同的观点，因为不同观点的出现很可能是使自己避免犯错、更加完善的好机会。因此，对于别人提出的合理观点应吸收为自身所用，并对别人表示感谢，要抱着“有则改之，无则加勉”的态度对待分歧。
- 不要急于辩护。人们遇到分歧时，第一反应通常是为自己辩护，但是，情急之下的辩护一般是诡辩、强辩，而且辩护过后难以改变对方立场。这样不仅破坏关系，还会使自己丧失受益的好机会。因此，遇到分歧时，要保持冷静，不要被急躁情绪操控，不要急于做出第一反应。

- 控制愤怒的情绪。愤怒会阻碍思想交流。而愤怒具有短暂的特点，只要稍加安抚，等愤怒的情绪缓解过后再交流，矛盾就容易得到圆满解决。因此，当听到自己不能接受的想法时，你不如选择沉默，先倾听，也给予对方平和讨论的暗示，这样有利于缓解自身和对方的愤怒情绪。
- 先听对方意见。在交流中，你要给对方发表意见的机会，不要打断对方，不要急于表达自己的不同意见，否则只会对思想交流造成障碍。
- 寻找共同之处。在对方发表完看法之后，你先要从中找到共同点，这样才能在彼此之间建立友好的关系，为后续交流并解决问题奠定坚实的基础。总而言之，我们在原则问题上要坚持自己的立场，但在细节上要做到灵活处理。
- 勇于承认错误。如果你在交流中发现自己的观点错误，那么应该大方地向对方承认。这样做能够营造出良好的交流氛围，使双方不是站在对立面上，而是可以共同找到对双方都有利的解决办法。
- 反复研究观点。你对对方的观点要认真聆听、仔细思考，不要一开始就抱着否定的态度。经过反复思考后，如果你认为对方是对的，便积极听取；如果是错的，不理会即可。
- 真诚地感谢对方对问题表现出的兴趣。如果把对方设想成一个真心实意要提供帮助的人，感谢对方对这个问题感兴趣，那么通常对方会愿意花时间表达不同意见，最后还会与自己成为好朋友。
- 暂缓行动时间。当出现不同意见时，人们应该给自己和对方充足的考虑时间，可以在进行二次讨论后再做决定，以便将问题处理得周全而合理。

（5）建设性交谈与换位思考

交谈是沟通信息与情感的主要方式。在交谈过程中，只有双方的兴趣和关注焦点汇聚在一起时，交谈才成为双方同等积极代入的过程，才能真正起到有效地沟通信息和增进友情的作用。所以谈话内容不能只集中在自己的需求上，而是要符合别人的兴趣，鼓励对方谈论自己，而且要避免过早、过多地评论。

语言交谈不仅要谈，而且要学会听。倾听不仅是一种技巧，更体现了一种个人修养，表现出一个人的综合素质。交流时需要耐心地倾听，一边听，一边细细品味，感受对方的情绪和心理变化，同时要做出适当的反应，集中精神，表情自然，经常与对方交流目光，适当地嘉许点头，或是用微笑来表示很乐意倾听，真诚地与对方进行情感交流，这样，别人才会更有兴致继续说下去。如果需要表达自己的见解，就应该在对方讲话停顿时礼貌地插话；如有疑问，也可以提出一些富有启发性的问题，如此一来，对方会感到他的讲话很受重视而乐于交谈。善于倾听的人，也是善于沟通并赢得人心的人。

换位思考对沟通起着非常重要的作用。如果经常站在对方的角度去理解和处理问题，一切就会变得简单多了。一般而言，善于交往的人也往往善于发现他人的价值，懂得尊重他人，愿意信任他人，对人宽容，能接纳他人的不同观点和行为，不斤斤计较他人的过失，在能力范围内帮助他人而不是指责他人。

在大学生活中，人际关系的新特点还表现在不能仅以自己的标准要求别人，还应认识到自己的行为和生活方式也可能是别人所不能接受和喜欢的。因此，在彼此间发生冲突或不协调时，要逐渐学会设身处地为别人着想，做到相互谅解和彼此适应。

大学生只有勇于在社交中进行锻炼，将人际交往艺术运用于实践中，个人的交际能力才能不断得到提高，从而建立友好的人际关系，在人与人的和睦相处中获得更多的快乐。

二、大学生人际关系中的心理调适

在大学校园内，许多大学生常常因为同学关系、师生关系或朋友关系处理不当产生很多烦恼，或者因为与职场人士的关系处理不当而失去一些工作的机会。了解大学生在人际交往中常见的问题和调适方法，有助于他们不断完善自我，建立和维护良好的人际关系。

（一）大学生人际关系中认知心理的调适

人际交往中的认知因素包括对自己的认知、对他人的认知和对交往本身的认知。人际交往的认知偏差会对交往过程中人的情绪、情感、行为产生不良的影响，从而导致人际关系不良。

1. 人际关系中猜疑心理调适

人际关系中的猜疑心理产生的主要原因是过分关心自己、常以自己的利益为中心、个性中缺乏自信以及错误的定式思维。猜疑者大多在人际交往中遭受过伤害，于是凡事都先考虑别人是否会伤害自己。每个人都有多疑的时候，疑心是人在社会生活中的一种自我保护反应，但过于疑心和敏感则是不正常的表现。多疑心理如果长期持续下去，可能会让人的心态扭曲，进而产生严重的心理问题，危害大学生个体的健康成长。因此，大学生对此要给予重视并积极调适，主要可以从以下三方面进行调适。

- 减少对人、对己的关注程度。多疑大多与对人、对己的关注过度有关，过分关注就会想得多，容易凭想象下结论。一旦发现自己开始怀疑别人时，应提醒自己减少对人、对己的关注，并将注意力转移到学习、工作或兴趣爱好上，努力学习，勤奋工作，积极参与各种有益的活动，使自己真正充实起来。
- 从实际出发，加强交流与沟通。在实际生活中，大学生的思维较为活跃，遇到事情容易急躁，主观意识较浓。因此，大学生应加强自身修养，养成冷静、客观分析事物的习惯，主动、及时地与别人沟通，进行开诚布公的交谈，消除误会和隔阂。
- 培养自信心。多疑大多是由缺乏自信心引起的。每个人都应当客观地认识自己，看到自己的长处，接纳自己的不足，与人交往时做到不卑不亢，价值在于自身，并不随别人的评价而改变。当个体满怀信心地学习和生活时，就不会担心自己的行为会受到别人的负面评价，而是能坦然接受。

2. 人际关系中自卑心理调适

自卑心理是影响个体人际交往的重要因素。自卑是因过低的自我评价而产生的消极情绪体验。浅层感受是别人看不起自己，而深层的理解是自己看不起自己，即缺乏自信。

在人际交往中，自卑心理的外在表现为：一方面总认为自己样样不如别人，从而失去进取心和竞争意识，导致情绪消沉；另一方面，认为别人会看不起自己，过于自尊、敏感，不轻易与人交往，逃避集体活动，用极强的自尊心掩盖极度的自卑，使个体的交际圈变小。长期的自卑情绪会严重影响大学生的身心健康，同时也会对大学生的学习和工作造成不良影响。因此，自卑心理需要及时进行调适，大学生主要应从以下两方面努力。

- 正确认识自我，提高自我评价。自卑心理的形成主要源于社交中不能正确认识和对待自己。要改变自己，必须改变原有的认识，正确地评价自己。挖掘自己的优势，敢于正视自己的不足，接纳不完美的自己与不完美的生活，积极接纳自己。辩证地看待自己的优点和不足，取长补短，不断完善自我，提升自我。
- 改变心态，积极与他人交往。一个人的接触面越广，越能促进其对自身的了解。通过与他人交往，人们能多方位地认识他人和自己；通过比较，能更正确地认识自己，由此调整自我评价，提升自信心。同时，在积极交往的过程中，人们能够获得友谊和集体的温暖，体验到成功的喜悦，发现自己的优势和潜力，从而增强自信心，有助于战胜自己的自卑心理。另外，自卑的同学在交往中一般都具有谦虚、善于体谅人、做事小心谨慎、稳妥细致等优点，因而容易取得别人的信任。所以，自卑的同学要看到自己在交往中的长处，增强自信，为消除自卑奠定心理基础。

3. 人际关系中孤独心理调适

孤独是一种主观的心理感受，主要表现为沉默寡言，缺少知心朋友，在新的生活环境中难以适应；敏感多疑，不喜欢参加集体活动，在集体中找不到自己的位置；感情脆弱，自卑感强，抗挫折能力差，不善言辞，遇事容易冲动发怒等；孤独也会导致交往障碍，如孤芳自赏、自命清高，其结果是与人不合群，待人不随和。孤独产生的原因很复杂，主要是源于个人的自我感觉和评价。要克服孤独的危害，大学生可从以下方面着手调适。

- 开放自我，积极主动地与人交往。独自生活并不意味着与世隔绝，虽然客观上与外界交流困难，但仍然可以通过某些方式达到与人交流的目的。如主动亲近别人、关心别人，发现、欣赏别人的优点，真诚待人；当看到别人有困难时，主动伸出援助之手。助人和被助都是快乐的，可以从中赢得友情，摆脱孤独。

- 正确评价自己，克服自卑情绪。人的自我评价与孤独存在因果关系，由于自卑而逃避与他人交往，会造成孤独状态，孤独使自卑感增强，形成恶性循环。如果不冲破自卑，就难以走出孤独。孤独者应该对自己进行一番冷静、客观、合理的分析，特别要找出自己的长处和特点，以增强自信心。
- 培养广泛的兴趣、爱好。一个人活着如果有所爱、有追求，就不会感到寂寞和孤独。因此，要为自己安排丰富多彩且有意义的业余文化生活，享受生活带来的乐趣。
- 大胆交往，不怕挫折。善于在交往、挫折中总结经验，吸取教训，改进交往方式，增强交往能力。

4. 人际关系中自我中心调适

自我中心是指大学生在考虑问题、处理事情时习惯以自我为中心，将自我作为思考问题的出发点和归宿，表现为凡事从自我出发，只关心自己，从不顾及他人的需要和感受，因而不能赢得别人的好感和信任，人际关系紧张，做事很难得到别人的帮助，易遭挫折。要想改善人际关系，自我中心者可从以下四个方面进行调适。

- 正确评价自己。摆正自己的位置，实事求是地评价自己，既不妄自菲薄，也不盲目自大，既要看到自己的优点和长处，也要找到自己的缺点和不足。

- 走出自我小天地。自我中心者必须学会将自己与他人、自我与社会、个人利益与集体利益进行统筹考虑，从狭隘的小天地中走出来。自我是自己的中心，而不是别人的中心。人际交往是相互的，要学会从他人角度或社会角度去思考问题或处理问题。
- 尊重自己，尊重别人。一个人在重视自己的同时更应尊重别人，只有互相尊重、互谅互让、以诚相见，才能形成良好的人际关系。
- 主动与人交往。人们在社会角色互动中才能互相理解，才能改变以自我为中心的倾向。缺少与人交往的生活经验是自我中心形成的根本原因。大学生要学会积极与人交往，只有在与人交往中才能学会理解别人、尊重别人，才能体会到别人的存在、利益和感受，有效克服自我中心倾向。

（二）大学生人际关系中情绪心理的调适

情绪在人际沟通中起着非常重要的信息传递和调节作用，像微笑、热情、喜悦、宽容、善意的情绪表达会促进人际的沟通和理解，而冷漠、排斥、冲动、嫉妒等情绪反应则会构成人际交往的障碍。

大学生感情丰富，情绪变化较快，有时对人对事过于敏感，很容易凭一时的好恶改变对人的看法，并因此产生不良情绪和行为，导致人际交往障碍。人际交往中常见的情绪情感问题有冲动、恐惧、嫉妒等。

1. 人际关系中社交恐惧调适

在众人面前说话、在与陌生人交往等场合中感到紧张是一种正常的、普遍存在的人类体验。但是如果反应过分或不合理并且导致了回避行为，损害了人际沟通和正常的学习与生活，同时持续了很长一段时间都未能缓解，就成为一种心理疾病。大学生的社交恐惧主要表现为：害怕见生人，害怕见老师，特别是在人多的场合或有异性在场的情况下，更显得紧张不安、手足无措、语无伦次等。有社交恐惧的大学生往往表现出明显的焦虑和回避社交行为。青春期是社交恐惧发展的关键期，如果得不到矫正或改善，可能会发展成为严重的社交恐惧障碍，并持续影响到成年期的心理健康。社交恐惧按轻重程度可分为社交敏感（又称社交紧张）和社交恐惧症两种，是当前大学生人际交往中普遍存在的一种心理现象。

要克服社交紧张心理，先要注意调整好自己的心态，树立一些良好的观念：接纳自己，树立自信；放弃追求完美的想法，不对自己要求过高；不要太在意自己的身体反应；勇敢地面对社交。大学生可在有了以上认知的调整之后，结合以下四种心理调适的方法与技巧，将改变付诸行动。

- 积极的自我暗示。每天睡前和早上起床时，接纳自己，相信自己。
- 冥想放松训练。找一个安静、没有人打扰的地方，舒适地坐下来，闭上眼睛，想象自己来到一个青山环绕、绿树成荫的幽静地方，心境会变得平和。然后开始放松，从头部、颈部、手臂、胸部、腹部、背部、臀部、大腿、小腿、脚步，依次想象它们变松变软。每天至少一次，通过做这样的练习，可以帮助个体控制自己的身体，有助于克服紧张的情绪。
- 系统脱敏训练。改变是一个循序渐进的过程，不可能一蹴而就。大学生需要战胜自己的紧张心理。首先，根据自己的实际情况，列出若干个自己感觉紧张的社交场合，按由易到难的顺序排列。其次，按由易到难的顺序一项一项去进行社交实践训练。当感觉前一项比较轻松自如后，便可进入下一项。
- 学习人际交往技巧。学习一些人际交往技巧和训练口才的知识，或者参加相关课程培训，用实用的知识来武装自己，提高社交能力。

2. 人际关系中冲动心理调适

冲动是伴随着强烈不满且必须马上发泄出来的情绪状态。当人际交往出现冲突和矛盾时，强烈的不满很容易爆发出来。人在冲动的状态下，意识范围变小，考虑问题偏激且主观，自控力降低，容易做出不明智的举动。冲动的情绪其实是最无力的情绪，也是最具破坏性的情绪。许多人都会在情绪冲动时做出使自己后悔不已的事情来。因此，应该采取一些积极有效的措施来控制自己冲动的情绪。

- 认识冲动的危害。首先，冲动会破坏人际关系。情绪容易冲动的人往往脾气比较暴躁，与其他人交往时容易发生矛盾。情绪冲动，容易伤害对方的自尊心，结果不但问题得不到解决，还可能影响人际关系。不尊重他人的大学生不仅得不到周围同学的尊敬和理解，还会遭到他人的轻视，而且会失去真正的朋友和友谊，以致感到孤独和寂寞。其次，冲动有损身心健康。对人不信任、心胸狭隘、情绪急躁、爱发脾气等行为习惯对人的身心健康危害极大。最后，冲动容易造成违法犯罪。情绪冲动容易使人做出过激行为，伤害他人，做出违法犯罪的事情，甚至会付出沉重的代价，令自己悔恨不已。
- 增强自我控制能力。当感到无法控制自己的冲动情绪时，人们可以及时采取暗示、转移注意力等方法进行自我放松，鼓励自己克制冲动。也可反复默念“冷静、放松”等，或者迅速离开现场，去做一些别的事，或去找别的人谈谈心、散散步。学会先处理情绪，再处理问题。
- 换位思考。在人际交往过程中，人们常认为自己是对的，对方必须接受自己的意见才行。如果能够交换角色，站在对方的立场上想一想，就能在比较中了解彼此的动机和目的，也能意识到自己的意见是否正确，对方能否接受，达到理性升华。

- 加强思想品德修养。加强自我思想品德和文化知识的修养，从源头着手，有助于清除冲动情绪。一要加强学习，分辨是非好坏；二要注重在日常生活中培养良好的行为习惯。修身养性并非一日之功，需要从一点一滴做起。只有这样，才能逐步养成良好的道德意识。一个生活在集体中的人，只有加强自身修养，才能得到别人的尊重和理解，建立良好的人际关系。
- 陶冶性情。大学生在日常生活中可进行一些有针对性的训练，培养自己的耐心，比如可以结合自己的业余兴趣、爱好，选择几项需要静心、细心和耐心的事情做，如练字、绘画、制作精细的手工艺品等，不仅可以陶冶性情，还能丰富业余生活。

3. 人际关系中嫉妒心理调适

嫉妒是在人际交往中发现自己在才能、名誉、地位和境遇等方面不如对方而产生自惭、怨恨、恼怒等心理的一种复杂情感。就大学生而言，嫉妒心理主要表现为对他人的成绩和长处不服气，甚至报以嫉恨。

嫉妒是一种情绪障碍，它扭曲人的心灵，妨碍人与人之间真诚的交往。嫉妒心强的人不仅人际关系不好，而且自己内心也很痛苦。一个人如果长期处于自惭、怨恨、愤怒等情绪中，其身心健康就会受到损伤。嫉妒心强烈的人易患心脏病，死亡率也高；而嫉妒心较少的人群，心脏病的发病率和死亡率均明显低于其他人。此外，如头痛、胃痛、高血压等也易发生于嫉妒心强的人身上，而且药物治疗效果也较差。克服嫉妒心理可以参考以下几种方法。

- 认清嫉妒的危害。嫉妒既打击别人，也伤害、贻误自己。嫉妒别人的人由于整天沉溺在对别人的嫉妒当中，没有充沛的精力去思考如何提高自己，不能专心做自己的事情，不仅贻误了自己的前途，也影响自己的身心健康。

- 克服自私心理。要克服嫉妒心理，先要根除嫉妒心理的“根本”——自私。只有祛除私心杂念，拓宽自己的心胸，才能正确看待别人，接纳自己。
- 客观地评价自己和别人。别人的成功并不等于自己的失败，有时候也可以在竞争中达到共同的成功与进步，实现双赢。强烈的进取心是获得成功的巨大动力，但冠军只有一个，不要太执着于所谓的“最厉害”。一个人只要客观地认识自己的优势和劣势，现实地衡量自己，为自己找到一个恰当的位置，就可以避免嫉妒心理的产生。
- 树立目标，积极上进。树立自己的目标，同时制订计划，化嫉妒心为追求上进的力量，并通过自己的积极努力以正当的手段赶上或超过对方，即使不如别人，心态也是积极健康的。为了实现自己的人生计划和目标，大学生应努力充实自己，完善自己。
- 开阔心胸，完善个性。但凡嫉妒心理极强的人，往往是心胸狭窄、多疑多虑、自卑、交往时以自我为中心、情绪不稳定、易受外界影响、心理素质不良的人。因此，要努力完善自己的个性因素，提高自己的心理素质。新时代的大学生，应该树立达观的人生态度和正确的竞争观念，开阔心胸，扩大视野，学习并欣赏他人的优点、长处，平静、客观地面对现实。同时，正确评价自己和他人，既要看到自己的长处，又要正视自己的不足，化嫉妒心理为心理动力，把别人的成功变成激励自己的机制，从而增强协作精神，在良好的人际互动中不断完善个性。

（三）大学生人际关系中交往心理的调适

人格因素是人际关系中的重要因素。人格不健全的人，往往或因为偏执而难以与人平等沟通，或因为反社会人格充满敌意和自私自利而令人反感，或因为脾气暴躁、性格孤僻而冷漠无情等，这些都会影响人与人之间的正常交往。

大学生可能有异常人格的某些特征，但是大学生的人格问题一般不属于典型的人格障碍，可称为人格偏差或性格偏差。大学生年龄多数在18~22岁，出现人格偏差是发展过程中的问题，其人格尚未完全定型，可塑性较强，可以矫正。

完善人格是改善人际关系的重要内在因素。大学生应不断克服自身弱点，在实践中完善自己的人格，努力培养有助于人际交往的人格特征，如尊重人、理解人、关心人、富有同情心、宽容、真诚等，逐步形成健全、完善的人格，为建立良好的人际关系打下基础。

第二节　大学生恋爱心理及其特征

一、大学生恋爱心理的内容

爱情指成年男女对异性的爱慕，具有排他性、守一性和对象性，是人类社会情感的高级形式。爱情的精髓体现为两个自我互相联系、互相倾诉、互相认同；两个自我保持其个性，但又共享很多活动，为彼此的相同之处感到愉悦并且互相支持，从而形成关系的交叠。爱情通常以正常生理和异性感情为基础，相互具有强烈的吸引力和愉悦度，是人的自然属性和社会属性的统一。爱情是个体自我意识和性心理发展到相对成熟时自然而然产生的社会感情，受到法律和道德的制约。男女双方彼此尊重是爱情的基础，忠诚和信任是爱情的保证，专一性或排他性是爱情的核心。

恋爱是人们彼此间以互相倾慕为基础的关系，恋爱是一种吸引的情绪与自我屈服的感觉之和，其动机出于一种需要，而其目的在于获得可以满足需要的一个对象。因此，恋爱的最终目的是培养男女双方的爱情，满足个体的心理需要，是情感资源的社会互动过程。即个体将对某一异性的情思发展为爱情，并将其过程导向恋爱的轨道。

多数大学生在大学期间才开始经历人生的第一次恋爱，而另外一些学生即使经历四年大学都不会走入热恋。尝试建立一段恋爱关系，主要包括以下两种心理。

- 源于强烈的归属和爱的需要。与他人建立持续而亲密的需要，成为大学生较为普遍的情感需要。如果有一个能提供精神支持、可互相信赖的伴侣，个体就会感到被接纳和被赞许，进而体会到愉悦。正是因为人们渴望被接纳和被爱，所以才会在恋爱方面投入时间、精力和情感。
- 从众心理。一部分同学的个人行为会成为另一部分同学产生同样行为的触发器。恋爱所激发的关系的变化、情感的卷入以及话题的转移，都会对没有谈恋爱的同学造成较大的压力。获得话语权在单纯、单调的大学生活中非常重要，部分同学的恋爱动机恰在于此。

二、大学生恋爱心理的特征

（一）大学生恋爱心理的一般特征

- 阶段特征。单从年龄上看，多数大学生由于个人经历及自身社会文化背景等方面存在差异，在恋爱心理发展的阶段特征上的表现可能有很大的区别。
- 年级特征。随着年级的升高，大学生恋爱需求的总趋势是越来越迫切，加之异性间接触机会的增多，周围环境对恋爱的干涉减少，实际“在谈恋爱”或“谈过恋爱”的学生比例不断增加。
- 性别特征。男女青年在恋爱心理上存在一些差异，这些差异在大学生恋爱上也有所表现，主要包括：男子比女子更易一见钟情；男子比女子更加积极主动；女子的戒备心理比男子强；女子比男子更看重爱情在生活中的位置；男子比女子的爱表现得更为强烈，而女子比男子的爱表现得更为持久。

（二）大学生恋爱心理的时代特征

随着社会环境的变化，大学生的恋爱呈现出明显的时代特点。概括而言，大学生在恋爱的态度、行为和方式上具有以下几个心理特征。

1. 恋爱普遍化与公开化

目前，社会和高校对大学生恋爱的态度已经逐渐走向开明和尊重。大学生已经是成年人，恋爱是正常现象，无须指责。高校里大学生恋爱的现象越来越普遍。目前大学生恋爱也越来越公开化，他们更倾向于大方地表达爱恋。

2. 恋爱动机的多样化

现代大学生的恋爱有着多种不同的心理需求。有的大学生谈恋爱，因为觉得自己遇到了真爱；有的大学生与人坠入爱河，是为了安抚自己心灵上的孤独，他们希望能够通过谈恋爱获得精神安慰；有的大学生觉得谈恋爱能够满足自己的虚荣心。总的来说，大学生的恋爱动机多种多样，大部分大学生谈恋爱是想要追求美好的爱情。

3. 更加注重恋爱过程

学生时代的爱情很难步入婚姻殿堂，因为他们还未进入社会，未来、工作都不确定，影响了爱情的长久性。在谈恋爱时，很多大学生都清楚地意识到了这一点，所以比起未来结果如何，他们更加关注爱情的过程。有的大学生认为谈恋爱是一种学习，如果一段爱情最后结束了，但是在这一过程中他们也学会了如何与恋人相处，对他们未来的婚姻有帮助；还有的学生认为在恋爱过程中会产生很多美好的回忆，对人生有意义。

第三节　大学生网络心理的调试

随着网络技术的不断提高和互联网的迅速普及，探索大学生网络心理健康教育的途径就显得非常必要。大学生网络心理的调试可以从自我、家庭和高校三个方面入手。

一、进行自我心理的调适

第一，加强思想政治理论学习，确立正确的道德观念与是非标准。大学生要坚定理想信念，树立正确的奋斗目标，从而确立正确的世界观、人生观和价值观，学会分析问题和解决问题的科学方法，明辨真假，分清是非，增强抵御网络环境负面影响的能力；大学生“应在学习中了解和熟悉传统伦理道德，明确爱国爱民、孝敬父母、尊师敬长、团结友爱、谦虚礼貌、诚实守信、见义勇为、勤劳节俭、敬业尽责等传统道德规范”①。

第二，对网络形成正确认识。人类要对自己的行为负责，大学生也要对自己的行为负责。防止沉迷网络，大学生自身是关键。上网要有目的性和时间性，切忌盲目性和随意性。从网上汲取知识是大学生活的重要组成部分，是顺应现代社会进步和发展的必然要求，但关键是要根据学习的要求和生活规律合理地安排上网的时间，养成有计划、有目的地上网习惯。当代大学生要有高尚的情趣，以学业为主。上网的目的应该是为了更好地学习科学文化知识，而不是把上网作为逃避现实生活问题或消极情绪的工具。大学生的课余活动应以提高自身身体和心理素质为方向。网络是新生事物，大学生应该在教师的指引下探索网络知识。理想是青年的脊梁，但对理想的追求具体体现在日常活动中，而不是体现在网络这个虚拟世界中。大学生应该将个人的奋斗与社会的发展结合起来，并具体落实到学习和生活中去。大学生只有树立了正确的网络认识，才能正确地使用网络，通过网络获取自己需要的资源，准确地把握自我，规划自己的未来。

第三，加强自身的心理品质和控制力培养。对于个人而言，只有自律

---

① 沈晓梅：《大学生网络心理健康教育路径探析》，《江苏高教》2013 年第 6 期。

才能既充分体现其自尊、自主和自由，又能充分培养其自我控制力，养成良好的慎独习惯。在如今这个网络社会里，由于信息含量巨大，各种文化与价值理念交织纷纭，各种诱惑比比皆是。网络社会又是一个充满自由的多彩世界，大学生会因为认知偏差或侥幸心理而产生心理困惑与矛盾。在缺乏较强他律，甚至几乎没有感受到较直接的他律影响力的网络虚拟社会，自律就显得尤为重要了。大学生只有充分认识到这一点，才能更理性地对待生活中的各种困难，而不是任性地放纵自己，要以道德化的网络正常运作取代肆意践踏网络资源的行为，做一个有着良好的心理品质和自我控制力的优秀大学生。

第四，积极参加社会活动，逐步摆脱对网络的依赖。大学生自由支配的时间很多，大多时间都是在教室中上课，活动范围也是在校园中，与社会接触不多，因此学生缺乏对社会生活的感受。在大学时期，学生除了学习文化知识，还要学会与人交往，学会培养自己的人际交往能力。虽然大学生可以通过网络和人建立交往，但是网络交往停留在虚拟空间，在此种情况下建立的人际交往关系是薄弱的、不真实的，难以和现实交往相提并论。因此，大学生在热衷网络交友的同时，也要提醒自己不要忽略与朋友相处的时间，要学会区分虚拟社会与现实社会的不同，积极地投入学习生活中。要勇敢地面对现实世界，积极参加各种丰富多彩的课余活动，积极参加增强人际关系沟通技巧的课程或活动，使自己提高沟通能力，并增进自己在人际沟通方面的自信，多方面拓展自身的人际关系圈，形成健康的人际关系。要学会在现实中寻找意义和支持，重新调整自己，保持网络世界和现实的平衡，充分体会现实世界的意义，多开展实际活动，在活动中陶冶情操并从中得到支持。

第五，主动寻求心理咨询机构的帮助。很多有网络成瘾倾向的大学生觉得自己心理负荷太大，容易敏感、退缩和逃避，往往不愿意主动寻求他人或心理咨询机构的帮助。因此，大多数网络成瘾的大学生是在教师和身边的同学发现后，被建议到心理辅导中心接受咨询的。事实上，有网络成瘾倾向的大学生从心理咨询机构获得帮助是克服网络成瘾的有效途径。因为心理咨询人员会根据他们的成瘾程度，从专业角度有针对性地进行必要的心理咨询和治疗。例如，对求助者开展认知行为训练，或者采用现实疗法等一系列方式，使求助者面对现实，从而学会逐步解决自身的困扰。心理咨询和辅导是他们恢复身心健康非常有效的途径。因此，有网络成瘾倾向的大学生不要选择逃避，要勇敢、积极、主动地面对自己的问题，做自己的主人。

当然，除了大学生本人之外，家庭、学校、社会也应该加大力量，为大学生创造良好的信息网络环境，让网络为大学生的成长助力，通过正确使用网络实现大学生的自我成长。除了营造健康的校园网络文化以外，还要正确地引导大学生的网络意识。面对复杂的网络信息，大学生应该能够自主选择有益的信息，知道拒绝不良的网络信息，不仅对校园网络文化有利，也对整个社会的网络氛围有利。

二、建设和谐的家庭教育

家庭是孩子的第一所学校，父母是孩子的第一任老师。家庭教育是影响大学生网络心理的一个重要因素。家庭教育是一切教育的基础，不仅是学校教育的基础，更是学校教育的补充，但我们的教育往往重视学校教育而忽视家庭教育。大学生的网络心理教育应该重视家庭教育，使其成为学校教育和社会教育的延伸和有益补充。

（一）创设情感丰富的家庭环境

父母对子女的影响是终生的，父母对子女不仅要负责物质上的供给，更重要的是精神上的引导及情感上的支持，而不是由于家庭不和谐等给子女带来一定心理上的压力。学生进入大学后，突然离开家庭环境，情感上与父母一时难以割舍，所以父母要充分利用和孩子相处的时间去了解他们的真正需求，尊重他们的个人选择，采取民主的管理方式，做到理解而不溺爱、民主而不放任、疏导而不压制，争取和孩子做朋友，和孩子谈心，给孩子树立一个乐观、积极的榜样。

（二）建设家校互动的有效机制

家庭教育是基础，学校教育是重点，因此，在对待孩子的教育上，要加强家庭和学校的沟通。为此，学校可以利用自己的网络平台与家长沟通。学校理应让家长了解学校的发展变化，参与学校的建设，将大学生在校的思想、学习、生活等情况告知家人；家长也应把孩子在家的表现、动向及时向学校反馈。这样可以帮助学校和家庭更加充分地了解和把握大学生的思想动态，从而有针对性地调整教育的内容、方法和手段。

学校必须建立有效的互动机制。学校教育有着独特的教育属性，计划性强，制度性也强，而家庭教育则与之不同，相比学校教育，它的亲密性更强，自由度更高。首先，学校可以组织相关活动，邀请大学生家长到学校来了解学生的情况。开展家庭教育讲座，聘请有经验的家长，解答其他家长与孩子相处的困惑，让孩子有更好的家庭关系。其次，每个大学生的成长环境都不同，父母的教育水平不同，学校可以根据不同的实际情况开展多种类型的教育项目。例如，大学生可以交换家庭，体验不一样的成长生活，这种“沉浸式”的实际体验活动能够加强学生的情感体验。最后，也可以成立家庭讨论组，定期开展主题讨论活动，结合有讨论价值的社会问题，让家长和学生交换观点，在激烈的讨论中了解大学生，引导他们，培养学生正确的人生观、价值观。

（三）提升大学生的实践能力

家庭教育除了教孩子知识以外，更重要的是教他们如何与人相处，在面对问题时应该如何处理，如何更好地生活。大学生有着独特的性格特点、生活方式和爱好，家长应该鼓励大学生勇敢地实践，经过实操让自己的能力得到锻炼。只有这样，他们在面对困难和逆境时，才能够妥善地应对，培养出独立自主的精神。教育活动能够提高学生的实践能力，设立多种主题的教育活动，可以让大学生和家人一起参加。在活动中，大学生要运用自己所学知识积极融入到与人的交流中去。大学生应在实践中提高自身的适应能力、组织能力、人际交往能力和社会活动能力。

三、强化高校教育环境调适

在当前由应试教育向素质教育转轨的过程中，心理健康教育占据着极重要的地位。家庭教育固然重要，但当学生步入校门，学校教育在学生心理健康教育上就充当着极为重要的角色。学校应从课程设置、师资队伍、校园文化环境等各个方面有针对性地开展心理健康教育。

（一）建立高素质的网络心理健康教育工作队伍

建立一支素质较高的网络心理健康教育工作队伍是提高网络心理健康教育实效性的人员保证。网络心理健康教育工作人员应该熟悉和掌握大学生心理健康的现状和发展规律，要有较高的心理健康教育理论水平，此外，还需要及时跟踪网络资讯，了解网络发展的实际情况，熟悉网络技术，确保网络心理健康教育能够在高校有效开展。因此，高校可以在理论层面培育一支优秀的心理健康教育队伍，从大学生心理健康的特点入手，利用网络技术以及学生们感兴趣的网络文化，承担起心理健康教育的任务。互联网是进行学生教育必不可少的板块，是实现在线心理健康教育的有效场所。

（二）成立网络心理健康教育管理和领导小组

高校的一些职能部门参与网络心理健康教育管理工作，成立网络心理健康教育和领导小组，是提高网络心理健康教育实效性的组织保证。为了开展网络心理健康教育，高校要向网络心理健康教育管理职能部门增加一些投入，成立网络心理健康教育管理和领导小组，加强在线心理健康教育的推进。除此以外，学校必须指派专职人员参与学习和培训，建立对应的学习管理制度。此外，学校要加大资金投入，开设网上学习场所，提高网上心理辅导，贴近学生生活，努力提高网络心理健康教育的成效，发展好新背景下高校心理健康教育。

（三）健全校园信息网，对学生进行正确引导

建设和完善校园信息网络，正确引导青年大学生上网，获得有价值的学习资源。搭建一个符合学生需求的网站，安装大学生可以下载使用的最新软件。在网页上，可以将学校的宣传内容上传，这不仅可以让更多的学生看到，还可以获得良好的宣传效果。除此之外，还可以考察其他的网站，将优秀的网站推荐给学生，帮助大学生正确上网。与此同时，为了增加学生们的专业学习资源，可以在校园网中搭建更权威的专业学术网站，向学生推荐内容丰富的学术知识，这也有助于学生们学习专业知识。不仅

如此，学校还应该加快教育软件的开发，加强网络技术对教育的应用，以网络培训代替部分课程，创新教学方式，提高学习效果。学校的教师要积极使用在线教育，了解在线教育的有效性并通过在线学习的方式为学生提供更多有价值的学习信息。例如，教师可以在互联网上发布教学讲义，利用互联网的特点加强师生之间的联系，这样既可以加强师生的情感交流，又可以提高大学生的学习兴趣，一举两得。

（四）重视网络新技术，为心理健康教育服务

在信息迅速发展的时代，网络技术对于网络心理健康教育的发展非常重要，在网络心理健康教育发展的道路上，网络技术是支持其发展的运行机制。不容忽视的是，网络技术的进步也给在线心理健康教育带来了新的挑战。因此，高校心理健康教育工作者必须注重这一点，主动学习，加强自身对网络技能的学习，熟悉网络知识。开展形式多样、生动活泼的心理健康教育活动。在此基础上，心理健康教育工作者要善于利用新技术为大学生网络心理健康教育服务。各种信息软件（如微博、微信等）的普及，使每一个心理健康教育工作者都具备了在网上建设教育基地的能力。网络技术一直在不断发展，各种网络心理健康教育活动都依赖于网络技术才得以开展。由于各种技术手段所包含的概念不同，对大学生发挥的作用也不同。因此有必要根据大学生成长的需要，加强研究，深入发展网络技术的相关概念，为大学生网络心理健康教育提供技术保障。

第六章

大学生心理健康教育辅导的实用途径

第一节　大学生心理健康教育辅导体系的构建

一、心理健康教育相关课程

课程教学是对大学生进行心理健康教育的主渠道，是高校心理健康教育的重要组成部分。大学生心理健康教育课程不同于高校的其他学科课程，其教学内容和教学方法要体现培养学生良好心理素质的总目标。因此，探索和创新大学生心理健康教育课程建设，是高校心理健康教育的重要任务。

（一）心理健康教育课程建设的理念

课程的教育理念是课程建设的核心，决定了教学目标、教学内容的建构，以及教学方法的选择。建设大学生心理健康教育课程，应当遵循的理念主要包括以下四个方面。

1. 心理健康教育课程的重点是人

大学生心理健康教育课程关注的是人，是学生这个活生生的群体的心理健康。人是课程设计的出发点，理论和知识都是为人服务的，不要本末倒置。关注人的课程价值理念，就是要在课程内容设置上研究大学生心理发展的特点、发展的需要和发展的困惑，以学生为中心选择课程内容，选取相应的心理学理论。关注人的课程价值理念，就是要研究学生喜欢和可以接受的教学方法，使学生真正愿意学、喜欢学，学了可以用在自己身上，以达到人格的完善和心理的健康发展。

2. 心理健康教育课程关注学生生命成长

关注学生生命成长的积极取向是整个课程内容的立足点。从人的心理健康发展来看，心理健康有三种不同层次的标准：一是低线标准，即心理健康就是心理的非病状态；二是心理健康就是良好的适应状态；三是要求较高的标准，指负责任、成熟、积极的状态。目前心理健康标准大多是第二种，第三种鲜有涉及。这会使学生误认为心理健康教育是针对有心理疾病的人或易产生心理疾病的人，所以一般学生不愿积极主动地参与，因此没能起到很好的教育效果。引导人们关注与挖掘个体和群体中积极的品质及潜能才是使人更幸福的关键，是心理教育关注的重点。

因此，高校应对心理健康课进行调整，使教育取向和教育内容更完善。传统的课程更多的是呈现问题、讨论危害和提出解决方法，是一种比较消极的解决问题的方法。因此，应该转变教育方式，采用积极成长模式，让学生自主探究问题背后的价值，学会自我接纳，弘扬正能量，培养学生的综合素质，充分发掘学生的潜力，而不能只针对学生的问题进行纠正。从人的心理发展来看，人的心理是不断变化的，处于成长阶段的大学生更是如此。他们在成长过程中会遇到各种心理困扰，但同时又具有巨大的心理潜能。

教师要相信，通过接受心理健康教育课程的引导，大学生一定会发生积极的改变，即使外在改变不明显，其内在生态系统的改变也一定会发生。另外，促进学生心理发展还要积极引导学生。教师的教学设计和要求要稍高于大学生现有的心理发展水平，让学生通过努力可以达到目标，体验成长的快乐，激发其主观能动性，不断开发他们的心理潜能。此外，为了促进大学生心理发展，高校应根据时代的发展和大学生的接受水平，不断调整心理健康教育课程的内容、教学方法、课程风格及展现形式，将心理健康领域最新的研究进展及最适合学生成长的健康理念传递给学生，引导学生走向自我实现之路。

3. 心理健康教育课程激发学生主动学习

大学心理健康教育的核心是促进学生了解自己，让学生在原有的基础上变得更加积极主动，投入生活，学会为自己负责，为自己做选择、做决定。这样的改变不是靠教师的讲授或外部的灌输可以完成的，必须经由内而外的心理转化才能达到。因此，只有充分重视和尊重学生的内心世界，才能促使其去发现并接受真正的自我，学会为自己负责并做出适合自我个性的选择。这个过程只有靠激发学生内在的主动性，让其从“要我学”到“我要学”，使他们从单纯接受者的角色转变为学习过程的主体，从接受式学习转变为发现式学习、探究式学习。激发学生的学习欲望，提升学生的学习兴趣，培养学生的创新思维和创新能力，使学生以积极主动的状态参与教学活动。

心理健康教育课程重在关注生命成长，即让心理健康教育成为师生人生中一段重要的生命经历，成为其生命中有意义的构成部分。一方面，关注生命不仅要尊重每一位学生，注重让学生在课堂上积极参与，使他们在体验中感悟，在感悟中收获成长，还要在传授心理调节知识和技能的同时，培养学生健全的心智与健康的人格，使其充分领悟和体验生命的意义与生活的价值；另一方面，课堂教学是教师职业生涯中的重要组成部分，课堂上学生与学生之间的分享、师生之间的互动、学生的疑问和反思，都可能成为教师专业成长、情感升华、体验到生命价值的重要契机。心理健康教育课程让课堂焕发生命的活力，成为学生和教师体验生命价值、感受自我成长、进行生命实践的重要舞台，对教师和学生的生命成长都具有重要的意义。

4. 心理健康教育课程提倡回归现实生活

心理健康教育课程要帮助学生获得更好的心理发展和更好的生命成长，就必须回归生活，在课堂学习时注重理论联系实际，学习后将所学的理论方法付诸实践，使他们在生活、学习上能更适应，更加拥有幸福感。心理健康教育课程若想回归生活，就要以真实的生活环境为中心设计教学内容和教学活动，通过对大学生在生活实际中遇到的适应问题、人际关系困扰、情绪管理、生命困惑、危机事件等给予指导，帮助学生将所学的心理调适之道应用于生活中，关注生活、体验生活，提升生活品质，成为自己身体健康与心理潜能的开发者。

心理健康教育课程要想回归生活，就要敢于直面学生心理发展中的热点问题。对于学生提出的热点及敏感话题，不回避，不说教，而是从关爱出发，引导学生讨论，让学生学会为自己、为他人负责，从而正确地做出选择。心理健康教师应从以下四个主要方面来阐释心理健康教育回归生活。

- 课程价值取向方面。心理健康教育课程培养的是热爱生活、接纳自我、身心和谐的人，而不是进行心理学研究的研究者。心理健康与大学生的学习、生活息息相关，是生活中重要的构成要素。通过心理健康教育课程，大学生可以对生活经验进行整理、反思和丰富，在课程生活和整体生活的互动中成为一个身心健康的人。
- 课程目标方面。心理健康教育课程致力于人与人、人与自然、人与社会的和谐健康发展，培养学生悦纳自我、热爱生活、积极交往，形成健康向上的情感态度和价值观，同时注重大学生一致性与差异性的统一，让学生能够尊重彼此的差异性，学会欣赏别人，处理好大学生在生活中的各种人际关系。

- 课程内容方面。大学生在生活中遇到的心理困扰及其关注热点会被引入心理健康课堂，主要包括生活适应、学习适应、情绪管理、人际关系、恋爱与性、珍爱生命、应对挫折、转换生活视角等方面。心理健康教育课程内容不仅存在于课本，而且存在于更广泛的生活大课堂中。心理健康教育课程就是让大学生针对从生活中来的各种问题，学习心理调适之道，并将所学知识应用于生活实践，从而提高大学生的适应能力，达到人与自然、人与社会的和谐统一。
- 学习效果评估方面。心理健康教育课程分别用自己评估、教师评估、学生评估三种方式对大学生进行学习效果的评估：不仅评估大学生对课堂上学到的心理健康知识和心理调适方法的掌握情况，更重视大学生的知识获取及应用能力，即大学生是否能在日常生活中关注自己和他人身心健康，通过阅读、开展或参与心理健康教育活动等方式提高自己的心理健康水平，以及主动将所学知识应用于生活实践。此外，课程评估不仅要评估大学生学习心理健康教育课程的结果，还要关注在整个学习过程中学生参与课堂及课外活动的积极性和态度。

（二）心理健康教育课程开展的目标

1. 培养大学生良好的心理素质

大学生心理健康教育课程不能只教授心理学知识。作为一门课程，它一定会涉及理论知识，但这并不是最主要的，其主要的目的是通过教授这些知识促进学生心理健康发展，让学生其有良好的心理素质。心理素质是现代人必备的基本素质。一个人的成长应当具备综合的素质，包括政治素质、思想道德素质、科学文化素质、身体素质和心理素质等。在所有的素质中，心理素质是基础。培养良好的心理素质是学生成长成才的关键，而大学生心理健康教育就担负着培养大学生心理素质的任务。

2. 增强大学生的心理调节能力

大学是人身心发展和健康成长的关键时期，学生在成长的过程中要学会认识自我，正确与人沟通。他们还会面对生活和学习的压力，需要调节自身心理，为自己未来的职业和人生做出规划，毕业时还会面临就业等各种问题。所以，大学生内心难免会产生困惑。学习心理健康教育课程，可以帮助大学生更好地调节心理，促进学生的心理健康发展，也可以让学生具备更好的适应能力，为将来的发展奠定基础，使其拥有更美好的人生。

3. 内化与应用相关理论知识

大学生心理健康教育课程最重要的目标是增强学生的心理素质，教会学生正确调节心理的方法。学生不仅要学习有关心理学的理论知识，更要将知识化为实践，体现在具体的行动上。心理学相关理论和知识不应该只是考试的工具，学生要真正理解并掌握这些知识，将理论和实践结合起来，学会在生活中灵活运用，才能让所学的理论真正促进自身的心理健康发展。所以，高校必须真正贯彻落实大学生心理健康教育，让学生从心里接受这门课程。

（三）心理健康教育课程的教学内容

1. 心理健康教育课程内容选择原则

心理健康教育课程要从大学生实际的心理需要出发，针对他们在成长过程中可能遇到的心理困扰，整合心理学相关理论，设计适合学生身心发展规律的教学内容，提高其心理素质及解决问题、完善自我、感受幸福的能力。为了使课程内容选择更符合教学目标，符合课程教学本身的内在规律，大学生心理健康教育工作者需要了解课程内容选择的有关知识。

心理健康相关课程内容选择原则主要包括：学生必须具有相关的行为经验；使学生在实现目标的行为中获得满足感；使学生具有积极投入的动机；使学生看到自己以往反应方式的不当之处，激励学生尝试新的行为反应方式；学生在尝试学习新的行为时，应该得到某种指导；学生具有从事上述活动所需要的学习材料；学生有足够的时间学习与实践，直到新的行为反应方式成为他的一部分技能；学生有机会循序渐进地从事大量实践活动，而不只是简单地重复；为每个学生制定超出他原有水平但又能达到的标准；使学生能够判断学习结果，在没有教师的情况下能够自学。

综上所述，心理健康教育课程内容选择原则的核心是从学生实际出发，根据学生的最近发展设计出能让他们有更多体验的课程内容，以调动学生的积极性，发挥其潜能，让学生在学习中体验到成就感并培养其自主学习的能力。

2. 心理健康教育课程内容构建特点

大学生心理健康教育课程的内容构建，主要体现在以下三个方面。

（1）以需求和应用为导引构建课堂内容

传统的专业课程是以传授知识为目的，按照理论知识的内在逻辑构建课程内容的。而大学生心理健康教育课程内容的构建，是以学生心理发展的需求和实践应用为逻辑的。课程内容的构架是以大学生成长最需要的心理品质和心理发展能力为其内在逻辑的。课堂内容包括：对大学生心理健康理论的概述，大学生自我意识的培养，大学生学习心理的调整，大学生人际关系的和谐，大学生情绪的管理，大学生抗挫折能力的培养，大学生性心理和恋爱心理的调节，大学生的生命教育以及大学生的职业生涯发展等。

以需求和应用为导引构建课堂内容，不仅体现在课程整体内容的构建上，也体现在具体内容的构建上。这就要打破知识体系本身的严密逻辑性、系统完整性，选取以促进学生生命发展为目的，最适合学生应用的心理学理论和方法，让知识服从于学生的生命发展。

（2）整合相关理论，构建课堂内容

大学生心理健康教育课程中所选用的心理学理论不是单一的一种心理学理论流派，而是根据学生的需要整合心理学的相关理论。如基础心理学、心理卫生学、发展心理学、社会心理学、心理咨询与心理治疗等理论的相关内容和观点。在这些理论的选取中，既要重视经典理论的使用，又要不断吸取国内外心理学的最新理论研究成果，从而让学生不断接收到新的信息。同时，要帮助学生认识、理解自己心理特点的形成与发展，学会在社会生活中加以运用；在课程内容上，除了整合心理学的相关理论知识外，还要选用相关的其他学科，如哲学、社会学、教育学、人类学等的相关知识，以开阔学生的视野，丰富学生的认知。

（3）拓展实践资源，构建课堂内容

大学生心理健康教育课程注重理论联系实际，因此它强调的是知、情、意、行的统一性，重视认知与行为的改变。通过课堂内外的互动结合，把心理健康教育的内容和目标具体化为可以训练养成的行为特征，化为内部的心智操作活动，提升心理品质，完善人格结构，让学生在活动实践中亲身体验，获得成长与发展。因此，在课程内容上，要密切联系大学生的实际，设计相关的实践活动，如案例分析、心理训练等；课程内容既要配合课内教学，也要安排学生实践。例如，学生自信心训练、人际沟通、情绪自我调节的训练作业，设计、组织、参与学校和班级的心理健康教育活动，为社会提供心理服务等。

（四）心理健康教育课程教学的方法

教学方法服从于教学目标，是教师为达成教学目标而搭建的教师的教与学生的学之间的桥梁。它不仅涉及教师如何教，也涉及学生如何学和怎样真正学会。为使大学生在真正学习并掌握心理健康知识的基础上将其运用于自己的校园生活中，形成良好的心理素质并提高心理发展的技能，高校就必须改革传统的教师向学生灌输理论知识的教学方法，探索新的教学模式。

1. 多元互动式教学方法

多元互动式教学是充分思考教和学的关系，在建构主义和认知学习理论的基础上形成的一种新型教学方法，它是教与学的结合体。这种教学模式注重教和学的主体相互交流、共同探讨，彼此是平等的，能够接纳对方的观点，让不同的思想相互碰撞，激发教和学主体的积极性，帮助学生构建知识体系，发挥创造性，使教学效果更好。互动式教学与传统教学相比，重点在于互动。从教育学、心理学角度来看，互动式教学主要包括以下三方面。

（1）师生双方积极参与

在传统教学模式中，教师是主体，负责传授知识，而学生是被动接受的一方。但是在互动式教学中，学生的角色发生了变化，他们成为学习的主体，不再被动地接受知识，而是主动地去探究和发现新知识。这种方法可以有效增强学生的创新意识，激发他们的创新欲望，培养创新思维和能力。因此，在心理健康教育的教学活动中，师生双方都是意识的、能动的交换者或传递者，都以积极主动的状态参与活动。

（2）师生双方共同参与

相对于教师讲、学生听的静态教学而言，互动式教学强调“动”，即要有师生共同参与的教学实践活动，在活动中达到手动、脑动、情动，在实践活动中体悟和理解、内化所学的理论，又要到实践活动中去应用，达到理论与实践的结合，提高理论认识和实践相结合的能力。“动”，就要创设多种教学情境，开展多种教学活动，如师生角色互换、情景模拟、小组讨论、案例分析、游戏活动、课外实践等。“动”是形式灵活多样的教学手段与教师讲授的综合，是课堂内外的有机结合，它能够促进学生理论和实践的有效结合，培育学生的创新精神，提高其实践能力。

（3）师生双方采取多种互动方式

和传统的教学模式不同的是，互动式教学中不同因素采取多种方式进行互动，比如师生之间的互动、学生之间的互动以及人与环境的互动等。不同主体之间的互动可以产生更多有价值的信息，师生双方相互启发、相互学习，彼此都能得到很大提升。在心理健康教育课程中，教师们可运用的互动教学方法主要包括以下六种。

- 课前情感分享。课前情感分享即在教师正式授课之前，让同学们分享自己最近的生活感受，主要是积极正向的感受，也可以谈个人的压力感受。在这个过程中，一方面，可为同学们创造情感交流的空间，增进彼此间的相互了解；另一方面，也使同学们在表达和倾听彼此的感受与看法的过程中，拥有一个发现不同、向他人学习和完善自己的机会。情感分享可使学生由外在的互动转化为内心的互动，从而受到启发，得到成长。

- 专题短讲。专题短讲可以让学生将所学到的心理学知识与生活实践结合起来，谈自己的认识、理解和解决方案。专题短讲不仅可以调动学生自主学习的热情，也可以使学生在学习中获得自主解决心理问题的能力。
- 课堂讨论。课堂讨论有多种形式：一是邻近座位的 2~3 人的讨论，这种方式比较随意、便捷，可随时进行，互动性强，每个人都有发言机会，而且由于位置邻近，人数少，安全性强，学生顾虑少，参与性更强。二是小组讨论。一般 8~10 人为一组。小组可以是固定的，也可以根据课程内容和课堂情境随机组建。教师根据课程内容提出问题并让小组讨论，可以就课程中的体验活动引发的感悟和理解展开讨论。在讨论中鼓励畅所欲言，各抒己见，让学生在充分讨论中获得对某些内容的深入理解，或获得对某个问题的多种解决方式，从而拓展思维的深度和广度，提高其适应能力。根据各高校上心理健康课教师人数少、课堂学生人数多的实际情况，小组讨论学习的方式比大班讨论更为适宜。
- 全班讨论。全班讨论通常是在小组讨论的基础上，让各小组代表或选几个小组代表表达本组讨论的结果。这种方式可利用更大范围内的扩展互动，扩展同学们的思维。有时，教师也可以在全班提出问题，直接交由同学讨论。在这种情况下，那些思维活跃的同学会表达自己的意见，带领大家学习。无论哪种形式的讨论，教师都可以适时、适度地参与，表达自己的感受和想法，形成师生互动，对学生进行积极引导。

- 热点辩论。热点辩论是教师就当前大学生在心理发展中遇到的一些困惑，有不同认识的热点问题，引导大学生进行辩论。辩论时分正方、反方两组，各组就话题展开辩论。辩论前，学生们查阅相关文献，搜集实例，为辩论做准备。在辩论中，学生们旁征博引，对各自观点进行阐述和辨析，这一过程可以加深学生对相关理论的理解，找到处理问题的方法。
- 操作训练。为了提高大学生自我关爱、自我调节、自我完善、自我发展的能力，配合教学内容为学生设计一些体验式活动，让学生在参与中互动交流。

2. 体验内化式教学方法

大学生心理素质教育课程不是要让学生记住多少心理学的理论与方法，而是要让他们将这些理论和方法内化为自我的认识，再由认识转化为完善自我的行动。当代建构主义理论倡导的体验式教学为人们提供了一种体验内化的教学方法。

体验式教学强调“体验”，即从个人经验中感悟和理解，它既是学习的过程，又是学习的结果。体验式教学指教师通过在教学过程中精心设计活动和情境，让学生通过体验、观察、反思、分享、理解并建构知识，提高能力，并把知识运用到现实中去。建构主义理论认为，学习不是从外界吸收知识的过程，而是学习者建构知识的过程。每个学生都在以自己原有的知识经验为基础建构自己的理解。在具体操作层面上，体验式教学主要包括以下四个方面。

- 创设体验情境。创设体验情境是指创设一些情境和活动，让学生参与其中并获得经验的过程。大学生心理健康课教学常用的体验活动有冥想、案例分析、心理测试、电影（视频）赏析、心理游戏、角色扮演、心理情景剧等。

- 观察反思。观察反思是指学生在情境中感知、观察、体验、思考，这是一个内在发生的过程。学生进入教学活动情境之后，为了让他们有更深的体验，教师要对其加以引导，丰富他们的生命体验，促进其觉察与反思。教师可以就事实和感受两个层面对学生进行引导。教师应注重引导学生在互动活动中，关注自己和他人的感受与体验。学生就会从对这一具体活动的关注，产生出对课程内容的兴趣，继而激起热烈的情绪而投入课堂学习中，学生也会把这一具体情境的体验性学习带入生活中的各种情境，从而学会观察生活、观察自己、观察他人，感受自己、感受他人、感受生活。他们会从生活中学习改变与成长。
- 总结提升。学生从心理学的角度，运用理论知识思考和分析获得的经验、认识，得出新的结论，就是总结和提升的过程。总结提升，就是将以往获得的零散的体验、认识、感受等进行整合与提炼，得出新的结论，获得新的收获。这一过程至关重要。例如，学生在分享了用表情、动作进行交流时的感受后，总结出了“非语言是人的内心表达”“敏锐的观察可以增进人际交往”“语言交流更直接，可以避免误解”等结论。这一阶段可以采用学生自我总结、学生团体总结和教师总结三种方式。
- 迁移应用。迁移应用是指学生将获得的体验应用在学习及生活中。学生获得了新的认识和经验后，重要的是要去应用，将其用到自己的日常生活学习中，转化为自己的行动，这既是对所学到的心理学理论和方法的实践验证，更是对自我的改变与提升。为了促进学生把学到的新经验更好地加以应用，教师可以通过提问题的方式对学生进行引导。教师也可以给学生布置作业，加强学生对理论的应用。

3. 动态生成式教学方法

动态生成式教学是指教师在课堂上要根据学生的实际情况灵活调整或改变原来预设的教学计划，针对学生的问题与想法展开教学，使课堂处于动态和不断生成的过程。为了使师生在教学中成长，就要把师生的教学活动当作不可剥离、相互锁定的有机整体，把教学看作这样一个过程：师生为实现教学任务和目的，围绕教学内容共同参与、沟通和合作，产生交互影响，以动态生成的方式推进教学活动。心理健康教育课程观很重视课程的动态生成性，根据大学生实际生活中遇到的问题生成教学内容，通过师生之间的互动、体验与分享，提升大学生的心理健康意识，培养大学生解决家庭生活、学校生活、社会生活中各种困扰的能力。

需要注意的是，动态生成的心理健康教育课程并非不需要预设成功，即提前备课，顺利完成教学计划。预设是有效教学的基础，因为教学是一个有目标、有计划的活动，教师必须在课前对教学任务有一个清晰、理性的思考与安排。只有事先预设教学内容、教学设计和教材教案，才能更好地在课堂上发挥教师的主导作用和学生的主体作用，从而提高教学效率。因此，心理健康教育课程要将动态生成和预设成功有效地结合起来。教师根据大学生在生活中可能会遇到的问题做好充分的预设和充足的准备，这样才能对整个课堂有更强的掌控力；同时，适时关注课堂生成的新问题、新内容、新方法，体验师生之间、学生之间思维碰撞、心灵沟通、情感融合的生命活动历程以及随之而来的意外收获。

4. 学生实践式教学方法

心理健康教育注重培养学生在实践中解决实际问题的能力。大学生心理健康教育课程是应用性课程，必须注重引导学生参与解决自身心理问题的能力，让学生学会运用心理学理论帮助自己成长，使其成为学习者和实践者，达到理论应用于实际的目的。

引导学生将所学付诸实践，可以在课堂上或课后让学生反思并提出自己或群体困惑的心理问题，然后以小组研讨的方式提出解决方案，个人再按照这一方案实施，实践一段时间后，再进行个人和小组的总结反思，最后在全班组织分享报告。这种教学方式能够使学生在学中用，在用中学，将普遍的理论方法积淀为心理素质，转化为自身的心理发展能力，如人际交往、情绪管理等。

引导学生实践还包括引导学生在课外参与并开展各项心理健康教育活动，如参与组织心理社团，担任朋辈辅导员、心理委员等，组织班级和学校的心理健康教育活动，让他们在这些实践中运用所学，向同学普及宣传心理健康知识，帮助同学健康成长。同时，也可以组织他们参与社会心理服务活动，通过参加实践，培养他们的人际沟通能力、理解他人的能力和调控自己情绪的能力，并在与他人的互动中学会认识自我、完善自我。

5. 现代网络化教学方法

随着现代网络科学技术的发展，大学生们使用网络的频率普遍提高，网络平台延伸了课堂教学与学生之间的沟通，弥补了大班教学、课时有限等问题的不足。采用网络教学的方式符合学生的沟通习惯，把课程带到网络的同时也带到学生的实际生活中。由于网络的隐匿性和去束缚性等特点，在班级课堂上表现不出众的学生很可能在网络上很受欢迎，这样的形式对于发现并鼓励这部分学生具有极其重要的意义。充分利用学校现有的网络学堂平台，并且通过微博、邮件等形式提高学生对课程的参与程度。

因此，运用现代网络技术进行大学生心理健康课程的教学，既可以使教学方式更为现代，拓宽教育渠道，也可以拓宽教育资源，同时也适合大学生的心理特点，从而能够提高课程的教学效果。心理健康课程利用网络平台主要包括以下三个方面。

（1）拓展教学内容

课堂教学的时间毕竟有限，网络资源库的建设能够提供更多的资源，满足学生进一步学习的需要。教师应及时更新资料并在学校的网络学堂平台上发布，使之成为一个丰富的教学资料库，供学生浏览下载。

（2）利用网络答疑疏导

为了与学生更紧密地联系，教师可以利用邮件或微信平台进行答疑和疏导，开辟心理健康教育课堂教学的另一个网络途径。为此，教师可以建一个专门的公共邮箱或微信群并在开课前予以公布，以便学生沟通和联系。通过邮件或微信解答学生的个别问题，用邮件或微信进行答疑或心理辅导，及时帮助一些同学解决具体的问题。

（3）建立能力导向考核体系

大学生心理健康教育课程的目标是培养学生良好的心理素质，培养学生心理的自我调节、自我完善、自我发展能力，因此要围绕这一目标，建立以能力考核为核心的课程考核与评价体系。

以能力为核心的考核评价体系是一个多维的综合体系，通常包括以下四个因素。

- 出勤情况。课堂出勤表明学生的学习态度，在考核中应占一定的比例。
- 课堂参与互动情况。考核学生参与课堂互动的主动性，以及发言的质量，看其是否真正积极、主动地投入学习，是否获得了领悟与成长。

- 课后实践作业，包括文本或视频等，考察其学以致用的情况。
- 课程结束时的卷面成绩。这样的考试通常是开放式的，让学生就学习的某一课程内容专题，从理论联系实际的角度谈自己的理解和运用。这样既考察了他们对理论知识的学习和理解，也考察了他们实际运用的情况。这些考察成分的权重，侧重于课堂互动和实际应用。

以能力为核心进行考核评价，其作用包括两个方面。一是培养学生为自己负责的学习观，使其认知到学习是为自己学，是增强自己、完善自我、发展自我的能力，满足自身适应社会所应具备的心理素质和能力与激励其内在学习动机的方式。二是培养学生学以致用的能力。通过考核，激励和培养学生将所学的心理健康的理论和方法运用于自己生活、学习的实际，让他们动手、动脑，在“做中学”，在参与活动中锻炼自己的能力。

例如，在以能力为核心的考核评价体系中，将学生课堂参与讨论及发言情况，课后围绕课程内容完成的文本作业、视频制作或自我反思作业等纳入考核，而不只是死背知识。使学生注重日常学习的学习态度和学习习惯，而不是只关注期末的最后一次考试。此外，以能力考核为核心的课程考核与评价体系也为学生建立了训练、展示自己能力的机会，为其搭建了一个实践平台。

二、组织心理健康教育相关活动

（一）心理健康教育活动设计原则

为了使高校心理健康教育活动开展得更有成效，使活动更能契合大学生的心理特点，满足大学生的心理成长需要，发挥心理健康教育的功能，高校在设计及实施心理健康教育活动时应注意以下四个原则。

1. 主体性原则

大学心理健康教育活动的目的是提升学生的心理素质，是以大学生为主体的，因此在设计及实施心理健康教育活动时，一定要尊重大学生主体的需要。这一原则主要表现在以下方面。

（1）活动内容设计贴近大学生需求

活动内容应符合学生心理发展水平和特征。学生心理素质的发展必须以他们已有的身心发展水平为依托；同时，每个学生对主客观世界的认识方式和作用方式，均受其已形成的思维模式和行为习惯的影响，表现出个体的特征。因此，进行心理健康教育活动时，活动内容必须适合不同年龄阶段学生的心理发展水平和特征。只有这样，才能调动他们的主动性和参与性。

（2）充分调动大学生积极参与活动

充分调动学生参与活动的独立性、能动性和创造性，让每一个学生都成为活动的积极参与者。在活动过程中，教师只能起指导作用，不能包办代替，要注意防止两种倾向：一是对活动插手过多，让学生失去了自主性，只能按教师意图行事，最终对活动失去兴趣；二是将活动看成学生自己的事而袖手旁观，任其自然发展，这实质上是一种不负责任的表现。教师既要明确学生在活动中的主体地位，又不能放弃自己的主导作用。

（3）充分体现学生的自主性

大学生在心理健康教育活动中的自主性主要表现在以下两个方面：第一，活动方式选择的自主性。要允许学生凭自己的经验、兴趣去选择自己认为最好的活动方式；或者在主动参与中获得成功，从而掌握某种经验；或者在协同参与中获得兴趣，从而认识探索的价值；或者在被动参与中得到启发，从而获得某种情感体验。教师的主要任务是让每一个学生都能自主地参与活动。第二，活动过程中主体的自主性。心理健康教育活动是一种由下而上的活动，所以，教师应将那些自上而下的指令更多地转化为在与学生平等参与中的渗透：只有当学生感受到教师也在与他们一起平等参与、没有压力时，他们才能从活动中获得最大的情感体验，才能最大限度地发挥自己的潜能。

2. 开放性原则

心理健康教育活动的开放性原则表现在以下两个方面。

（1）形式上的开放性

在形式上，心理健康教育活动可以向不同的对象开放，尽可能地将能够促进大学生心理素质提升的资源整合起来，主要包括向校内、家庭和社会开放。

- 向校内开放。以班级集体活动为例，既向同年级开放，又向其他年级开放，这样既可加强班际联系，又可促进集体活动质量的提高。为此，可开展联谊兄弟班的手拉手竞赛等活动。
- 向家庭开放。活动可以延伸到家庭，请家长也来参加。有时家长忙，不便参加活动，则可请家长献计献策，指导学生搞好活动，这样做既得到了家长的帮助和指导，又促进了家长对心理健康教育认识的提高。
- 向社会开放。心理健康教育活动走向社会，既能提高学生参与活动的兴趣，又可引导学生正确地认识社会。因此，在设计争取社会力量配合的活动时，可采取“请进来”“走出去”的方法；或者请先进人物来校来班做报告、座谈；或走出去调查、参观、访问、提供社会服务等。

（2）内容上的开放性

内容上的开放是指在设计活动时要善于从学生的学习、生活实践中选材，主要包括如下两方面。

- 从平凡的生活中挖掘活动素材。作为活动设计者，应注意独具慧眼，对生活中的小事进行深入开掘，巧妙策划，设计出相应的活动。例如，“寻找最美的笑容”摄影活动，就是通过收集笑容的照片，促进学生发现生活中的美好。
- 从周围的环境中寻找活动素材。学生总是生活在一定的社会空间里的。每一个社区都有其独特的自然风光、风土人情和悠久历史，其中蕴含着丰富的教育资源，只要能因地制宜、有的放矢地进行选择，也可以找出相应的活动内容。

3. 有效性原则

为了使活动有效，教师在设计心理健康教育活动时，一方面要针对学生的实际来设计，比如针对刚入学的大学生，开展新生班级辅导活动，促进学生更快融入大学校园；另一方面，设计时要考虑所设计活动的可操作性。为此，要注意活动规模不宜太大，活动节奏要适度，比如针对失恋者的团体辅导应以 8~10 人的小团体连续多次的活动为宜；而新生班级辅导则可以在几十人的班级中开展，并且一次活动的时长控制在两个小时左右效果较好。

4. 系统性原则

学生心理素质的提升不是可以轻易实现的，是一个系统工程。在设计心理健康教育活动时，教师要注意内容的系统性，使单个活动组成系列活动，具有指向集中、主题鲜明、内容丰富的特点，从而使全体学生都受到深刻的心理健康教育，也要注重学生知、情、意、行诸方面的全面发展。例如，在入学时开展新生班级辅导活动，在大二、大三时开展自我探索与确定职业发展方向的活动，在大四时开展求职辅导和适应社会的活动。

（二）心理健康教育活动类型划分

1. 依据活动组织时间划分

（1）日常性心理健康教育活动

日常性的心理健康教育活动，指高校开展的不受时间限制的心理健康教育宣传活动，主要有心理报刊、心理橱窗、心理网页的宣传，心理讲座、团体辅导活动、各种志愿者活动等。这些活动没有时间限制，根据学生需要随时开展。日常性的心理健康教育活动，可以随时让学生学习到心理健康知识，起到不断重复、不断强化心理教育的作用，日积月累、润物无声，学生们会逐渐提高心理健康意识，学会关心自我和他人的心理健康，学会自助与助人。

（2）集中性心理健康教育活动

集中性心理健康教育活动，指高校在限定的时间内集中组织的系列心理素质教育活动。这种活动的好处是能够造成一种宣传教育的强大影响力，丰富多彩的心理教育活动在同一时间段内进行，能够引起学生更大的关注，引发学生积极参与的兴趣。

2. 依据活动人群范围划分

（1）个人层面开展活动

这类心理健康教育活动主要是面向个体开展的，注重个体在活动中的体验及参与，旨在提高个体的心理健康意识，增强个体对自我的认识、理解和接纳，提升心理适应能力。例如，心理专题讲座、现场心理咨询、心理测试、心理电影赏析、心理读书会、心理对对碰、微博短故事征集人赛等活动。

（2）宿舍层面开展活动

宿舍是大学生学习、生活、休息、社交的重要场所。宿舍人际关系是大学生的一种特殊的人际关系，一个宿舍的成员大多是同一个班级或年级的同学。一方面，距离的优势为他们创造了频繁接触、相互熟悉的环境；另一方面，距离的邻近也影响着相互之间的利害关系。由宿舍成员共同营造的宿舍文化氛围潜移默化地影响着他们人生观、世界观、价值观的形成和水平。大学宿舍人际关系如何直接影响着大学生的心理健康与成长。

以宿舍为单位开展心理健康教育活动，对大学生的个性塑造、心理健康具有深远的意义。它不仅可以减少宿舍成员间的矛盾和冲突，促进相互之间的理解和接纳，而且可以营造温馨和睦的宿舍氛围，增强归属感，从而促进个体情绪管理、人际交往等能力的提升。学校可以在宿舍层面开展的心理健康教育活动主要有幸福宿舍评比、宿舍团体活动、宿舍心理微电影等。

（3）班级层面开展活动

班级是大学生活的基本单位，是学校、学院开展工作的终端，是大学生共同学习、共同生活的基本场所，因此，在班级中开展心理健康教育活动，可以促进班级凝聚力的提升，增强学生的归属感，促进个体情绪管理能力、人际交往能力等心理素质的提升。可以在班级层面开展的心理健康教育活动主要有心理班会、班级心理健康知识竞赛、优秀班级活动评选等。

（4）校园层面开展活动

校园文化是一种社会亚文化，是社会文化的有机组成部分，校园文化具有育人功能、导向功能、娱乐功能和辐射功能。心理素质教育活动是高校校园文化的重要组成部分。在全校层面开展心理健康教育宣传及实践活动，对于构建良好的心理生态环境非常重要。一方面，充分利用报刊、网络、广播、电视等宣传手段，在全校宣传心理健康知识，营造积极、健康的文化氛围；另一方面，在全校层面开展心理素质拓展、心理情景剧表演、心理团体辅导等活动，营造特定的校园心理氛围与特定的环境，由于渗透面广，能够让更多的学生了解、知晓心理健康理念，让学生在有意或无意中受到教育，对学生积极心态的形成、乐观向上生活态度的培养以及和谐人际关系的建立都产生着综合影响。高校日常心理健康知识的普及宣传教育，都在营造一种良好的校园心理文化氛围，帮助学生健康成长。

3. 依据活动形式划分

在实践中，高校师生创新了高校心理素质教育活动的许多形式，在此主要介绍以下五种。

（1）心理素质拓展训练

心理素质拓展训练是体验式学习方法之一，它融合了教育学、心理学等不同学科的成果，根据社会的需求和学生身心发展的特点而打造，以体验为主。心理素质拓展训练的目的是让学生在模拟的场景中亲身体验各种活动项目，不断激发个人潜力，使其学会团结合作，然后通过总结和反思及与同伴交流，深入了解自我和团队合作，将活动中的认知和体验运用到生活中。

借助拓展训练的设施，由专业的素质拓展培训师带领，运用团体心理辅导技术、心理素质拓展训练技术，设计各种形式的富有挑战性和探索性的素质拓展训练课程和活动项目，对学生进行素质拓展训练，让学生们在训练中通过体验式的培训，达到激发潜能、提高团队凝聚力的目的；使其学会相互信任、分享情感、与人合作和相处；学习认识自我和接纳自我，提升自信；学习解决问题和正确决策的技巧，学会承担责任；开发个人潜能，增强领导思维和协调意识。素质拓展训练能让学生在轻松快乐的氛围中提升心理素质。

高校在组织素质拓展训练时要注意运用团体心理辅导的理论和方法，不能仅是组织学生进行体育活动和娱乐，如果把素质拓展训练等同于体育锻炼和娱乐活动，就会失去心理健康教育的目的。

（2）心理讲座

心理讲座是高校常用的最普遍的心理健康教育活动。心理讲座一般始于教师对大学生们需求的调查，然后据此邀请校内外专家讲解相关的心理健康知识。例如，大学生自信心的培养，大学生的人际沟通与人际交往，大学生的情绪管理，大学生的恋爱心理等。此外，也会有心理危机的识别与预防等专题。许多高校都有“心理大讲堂”活动，每月举办一次专家讲座。

（3）心理健康知识竞赛

心理健康知识竞赛的目的在于普及心理健康知识，其重点并不在于比赛的结果，而是让学生们在准备比赛过程中学习心理健康知识。在比赛前，教师把大学生应知应会的心理健康知识和最常用的心理调节方法编制成小册子，发给学生学习，例如心理健康的标准、认识自我的方法、情绪的种类和情绪调节的方法、人际交往的作用及人际交往的原则和方法等。在此基础上，编写竞赛题目。竞赛题通常分为基本知识理解题和实际应用题。实际应用题是让学生运用心理学的理论与方法解决其常见的心理问题，这类题目既考查他们对心理调节方法的掌握，也让他们学会用这些方法帮助自己和他人保持心理健康。

心理健康知识竞赛题中还会有大学生常见的心理疾病及心理危机的识

别和心理危机预防干预程序，通常也会有一些宣传学校心理咨询机构的题目，例如学校心理咨询中心所在的位置、电话等。要让学生知晓这些信息，学会主动运用学校的心理咨询资源，帮助自己心理成长。这类竞赛要在充分学习、准备的基础上，再举行初赛、复赛和决赛。层层比赛的过程是进一步强化学习心理健康知识的过程。心理健康知识竞赛是一项集学习、竞争、趣味为一体的普及心理健康知识的活动，大学生参与热情很高，是各高校大学生心理健康教育的传统活动。

（4）心理情景剧

校园心理情景剧是广受大学生们欢迎的一种新型的心理健康教育活动形式。它是大学生们在教师的指导下，运用心理剧的基本原理和方法，将大学生自己在学习、生活中遇到的一些心理冲突及其解决方案，自编、自导、自演成为情景剧，再现校园生活中类似的情景和经历。例如，大学生活中常见的宿舍人际冲突的解决，恋爱中各种情感矛盾的处理，大学新生不适应的解决等。由于心理情景剧是由大学生自编自导，心理剧的素材源于校园现实生活，内容反映的是大学生的生活实际，所以它很容易引起学生的共鸣，也更易于被学生接受。

在校园心理情景剧的编排过程中，参与者不断地再现情景和体验各角色的感受，尝试不同的解决办法，同时与同伴交流、分享，形成解决方案，受到了实际的教育。舞台上的投入表演，使他们展示了个性及表演才能，提升了自信。在排演的过程中，他们不断调整着个人与他人的关系，相互合作、相互配合，增进了彼此间的了解和交往；排演过程中的反复训练，磨炼了他们的意志；尤其是许多高校举办的班级心理情景剧比赛，把班级建设和心理情景剧的编排、演出结合在一起，调动了全班同学的积极性，增进了同学们的相互了解，增强了班级的凝聚力。

高校在运用心理情景剧进行心理素质教育时，要注意正确处理教育性和艺术性的关系。与专业的演出相比，大学生情景剧更注重内容的教育性，注重反映大学生常见的心理冲突及其解决办法，而非表演技巧。当然，如果教师对学生进行表演技巧指导，提高其表演能力，能够更好地表现教育内容，也会收到更好的教育效果，但是，从心理健康教育的目的来看，教育内容是最重要的，表演才能是次要的。

（5）团体辅导活动

团体辅导活动，是以团体活动为载体，通过团体成员的互动，促使他们在交往中相互观察、学习和体验，认识自我、探讨自我、接纳自我，调整和改善与他人的关系，学习新的态度与行为方式，以更好地适应生活。团体辅导活动的作用是将活动作为情景，让学生在参与活动的过程中获得体验、感悟和理解，从而实现心理成长。活动本身的趣味性和新鲜感能够吸引学生参与其中，激发他们积极参与的兴趣。在参与游戏的过程中，学生们远离了成人式的逻辑思维，回到了自然状态，凭兴趣、直觉去行动，可以进入无意识状态，从而能认识自己内心的真实需要和心理特点，从而达到对自己更深入的了解。

在共同参与活动的过程中，学生会通过对别人的观察和了解，透过别人的反馈，学习别人的积极品质和能力，以完善自己的不足，获得自我的完善和提升。团体辅导活动可用于各种主题的心理健康教育。教师要有意识、有目的、有计划地选择、设计与构建适合于相关教育目的和教育内容的活动。例如，针对自我认识、人际交往、情绪管理、压力管理、生命教育等主题均可开展团体辅导活动。这些活动都蕴含着心理教育的内容，学生在参与中通过对自我和他人的观察与体验，对自己和他人产生新的认识，从而调整自己的行为，实现自我完善、自我成长。

团体活动宜精不宜多。活动并不只是为了激发学生的兴趣，更重要的是让学生去体验，然后在活动结束后进行交流。教师要从游戏中发现心理教育的因素，根据学生的分享和交流，帮助他们学习心理学相关理论和知识，让其以更轻松的方式理解和掌握心理学理论与方法。如果团队的领导者机械地举办活动，活动就成了玩游戏。不加区别地举办活动，会增加团体成员的抗拒情绪。

团体辅导活动不是游戏，也不是用来使学生放松和快乐的，它的主要目的是让学生更好地理解和掌握心理健康知识，获得心理的成长。因此，团体辅导活动的带领教师起着重要的作用。在开展团体辅导活动时，教师首先要准备好自己，保持自身的心理健康，还要具备团体辅导的技能。这些技能既包括对心理学理论和知识本身的掌握与运用，也包括团体辅导所要求的独特技能。

4. 依据教育途径划分

依据教育的途径来划分，心理健康教育的宣传活动可分为实体的宣传教育活动和网络的宣传教育活动。实体的宣传教育途径包括报刊、橱窗、电视、广播等。各高校都有自己的心理健康教育宣传刊物或报纸。这些报刊一般都由学生自己编写，内容主要是宣传心理健康知识，介绍大学生心理调节的方法、常见的心理问题和心理危机识别知识等。因为这些刊物由同学自己编写，内容贴近大学生的心理需求，图文并茂，很受大学生的欢迎。心理健康教育宣传橱窗、学校电视和广播节目也会宣传心理健康知识和学校心理健康教育中心组织的各类活动。

网络宣传包括学校或大学生心理社团建立的心理健康网站或网页，以及心理沟通的微博、手机微信平台等。通过这些网络媒体，学校可以宣传心理健康知识，搭建学生心理沟通平台，疏导大学生的情绪，发展大学生的健康心理。随着现代网络技术的发展，网络变得日益快捷和方便，运用网络途径进行心理宣传教育越来越成为高校广泛采用的教育形式。

（三）开展心理健康教育活动的注意事项

如何开展心理健康教育活动，直接关系着活动质量和教育效果。为了提高学校心理健康教育活动的实施效果，结合实践经验，高校及其心理辅导教师应该注意以下四个方面。

1. 把握开展时机

大学生心理健康教育活动的开展，有一个时机把握的问题。实践表明，在最佳的时机开展活动，可以使学生在活动中保持饱满的情绪、浓厚的兴趣和高度集中的注意力。因此，当时机未到时，要善于等待；当时机出现时，要及时把握；面对错过的时机，要善于迂回。只有这样，心理健康教育活动才能在质上得到保证。所谓时机，主要包括以下四个时间点。

- 新的生活开始时。大学生的感知易受外界事物的暗示。当新事物、新景象或新生活开始时，随之出现的强烈的刺激会使他们产生好奇心和求知欲。利用这一特点，当新学期开始，学生与新教师、新同学接触交往，新的景象涌现时，教师都可相机开展心理健康教育活动，以帮助学生适应新生活，增强自信心。
- 享受成功的喜悦时。当学生经过不懈的努力取得成功时，心情格外激动，自信心也会增强。教师如能因势利导地在这一时机开展恰当的心理健康教育活动，就可以让学生在享受成功的快乐时追求更高的奋斗目标，引导他们为取得更大的成绩而继续努力。
- 遭遇困难和失败时。人在遭遇困难时最需要别人的理解和支持。抓住这一时机开展心理健康教育活动，教育学生正确地面对困难和失败，帮助他们树立信心，鼓励他们以实际行动去战胜困难，必将有助于他们战胜挫折、走向成功。

- 对某事产生浓厚兴趣时。当学生对某种事物或某项活动产生兴趣时，就会产生一种积极探求的内驱力，进而主动、自觉地投入其中，直至取得成功。所以，当学生产生浓厚兴趣时，教师要抓住机遇，及时组织活动，使学生能长久地保持兴趣，并使其兴趣循着有趣—乐趣—志趣的轨道发展。

2. 做好精心准备

开展心理健康教育活动时，除应有较好的设计方案外，参与人员还必须认真准备，准备得越充分、细致，就越能取得预期的效果。准备工作包括以下两个方面。

- 心理准备工作。心理健康教育活动的成功开展有赖于学生参与人数的多寡及参与的程度。参与的人数越多，程度越深，成功率越高。因此，教师的首要工作是使学生做好心理准备，激发其参与意识。教师在指导学生做好参与活动的准备时，要注意观察、仔细分析，把握每个学生对活动所持的态度，有针对性地激发那些持消极观望态度或有不满情绪学生的参与意识。对那些没有被分配到活动具体事务的学生，应设法使之有事可做（如让他们参谋、评价某些准备工作）；对那些因没有得到自己想做的具体事务而心怀不满的学生，应使他们体验到其所做工作的重要性。
- 物质准备工作。这主要是指把活动要用的东西及时准备好。由于活动所需的物质条件在设计方案时已周密考虑过并交代学生去具体落实，因此，教师此时应按其重要程度和困难程度逐一检查，诸如活动的具体地点、活动的环境布置、活动所需的器材、活动所需的技能技巧等，都要逐一过问并落实。总而言之，在活动准备阶段，教师要善于把心理健康教育的要求和打算，转化为每一个学生自我教育的愿望与要求。教师要通过启发、引导，充分调动和发挥每一个学生投身于准备工作的主动性和积极性。

3. 实施具体互动

教师在具体开展活动时要做到以下五个方面。

- 再次检查准备工作。再次检查准备工作的目的是当发现有不足之处时能及时弥补。值得注意的是，即使发现有不足之处，教师也万不可在活动开始之前责怪学生，而应尽量帮助和鼓励学生克服困难，争取把活动搞好。
- 亲临现场指导活动。教师要自始至终亲临活动现场，不能以任何理由缺席。教师亲自参与活动，表明了对活动的重视，对学生也是一种鼓舞。当然，教师只能以普通参与者的身份出现，不能干预主持人的工作，不应随意改变活动主题、进程，不应随便插话和打断学生的讨论与发言，不可于活动中途发表评论。教师如要发言，必须得到主持人准许；如活动跑题，只能通过主持人以建议的方式加以引导。总而言之，教师要明了其在学生中的特殊地位，谨言慎行，以免对学生的心理产生不良影响，干扰活动的正常进行。
- 辅导学生主持活动。在学生主持活动前，教师要帮助其认真细致地进行准备，并鼓励其大胆主持和学会临场应变。在活动过程中，教师要通过自己的口头语言和身体语言对主持学生加以点拨、提示和鼓励。

但这一切不可太多，太多会使主持人感到无所适从，从而影响活动效果。

- 慎重处理突发事件。尽管事前考虑十分周密，但临时不免有意外事情发生。出现了意外，教师应处变不惊，这既能显示教师的冷静，也是对学生现场进行的心理健康教育。总而言之，对意外事件的处理应及时、彻底，以确保活动继续进行。
- 坚持全程有效指导。在活动过程中，教师要从以下几个方面全程指导活动：第一，充分发挥学生干部与骨干分子的积极性和创造性，把他们推到主人翁的位置上，让他们自己组织、自己主持，教师只是从旁参谋、辅导，帮助他们取得成功。第二，要充分发挥每一个学生的个性，使学生在活动过程中人人有岗位，个个有任务；人人有角色，个个做贡献。要注意协助学生机动灵活地安排活动顺序，把握活动进程。第三，要充分发挥教师本人的主导作用，注意引导每个学生紧紧围绕活动主题，用自己的语言来表达自己所思、所想。第四，要仔细观察和记录活动的过程，要清清楚楚地记录学生的情绪、意志、兴趣、爱好、性格等，以便发现某些教育契机。

4. 进行活动总结

总结是对活动进行的一次认真回顾，要肯定成功方面，找出问题和不足，吸取教训，明确今后努力方向，找出规律性的认识。对活动进行总结时应遵循以下要求。

- 明确目的，端正态度。活动总结的目的是为了更好地教育学生，因此，总结者应坚持实事求是、认真负责的态度。只有这样，才能在客观、实际的基础上寻到规律性的认识。

- 语言准确、行文简明。总结是一种应用文体，语言表达一定要准确，不能模棱两可、似是而非。总结的结构要严密，层次要清楚，例证要确凿，行文要简明。总结主要包括三部分：标题，即总结的名称，主要包括活动的名称、总结类别（全部活动总结或专题活动总结）及时限；正文，即总结的内容，一般包括活动的基本情况（简要叙述开展某项活动的情况，要求重点突出，有数据资料，避免空话与套话）、经验体会（总结的中心部分和全文的主体，写作方法上可先叙后议或夹叙夹议）和存在的问题与教训；具名，具名在总结末尾的右下方，具名下面要注明总结日期。

活动总结除了上述书面总结外，还包括：评述，即对活动各方面的评论；办刊，一般是把活动中的心得、体会、感受等形成文字，办成墙报；座谈，即以小组为单位或采用全班座谈的形式，谈自己的收获和体会；训练，借此将学到的技能熟练掌握；锻炼，即提出行为规范和行为准则，并加以实践。

三、构建高校心理危机干预模式

高校心理危机指的是学生在校期间产生的心理障碍、精神问题以及做出的过激行为和危险行为。当某个人处在心理危机状态时，最好的做法是进行危机干预，以帮助他战胜危机，提高适应能力。高校心理危机是一种社会性的公共卫生问题，而且是不可避免的。如果能做好危机干预和预防，就会大大降低危机发生率，减少危机给学生造成的伤害。近年来各高校从关爱学生生命，守护学生生命出发，在大学生心理危机预防干预工作上进行积极的实践探索和理论总结，建构了一套有效的大学生心理危机预防干预模式，对预防大学生心理危机起到了重要的作用。

高校心理危机预防干预，是尊重生命、维护学生生命安全的以人为本教育思想的体现。它不仅是现代教育必不可少的一个环节，也是实现高校培养全面发展人才目标的需要。心理危机的预防和干预，是一种帮助学生理解生命、热爱生命、珍惜生命、实现人生价值、关怀学生人生发展的生命教育，它是学校全面教育，尤其是学校心理素质教育的重要组成部分。高校的心理危机预防与干预工作，是要让学生热爱生活、人格健康并使生命获得更好的发展。大学阶段在个体一生的发展中具有非常重要的意义，是未来工作生涯的准备时期。因此，做好心理危机的预防与干预工作，是维护校园安全稳定，实现学校、家庭及社会和谐，为学生创造良好成长环境的重要保证。

（一）构建高校心理危机预防干预模式

关爱大学生的心理健康，呵护大学生的生命安全，不仅是高校心理素质教育教师的工作，也不仅是辅导员的工作，高校每一个教职员工都负有这方面的责任。构建一套全方位的高校心理危机预防干预模式，体现了高校以人为本的教育理念，体现了对学生生命的尊重与关心。

1. 构建五级心理危机预防干预工作机制

高校五级心理危机预防干预工作机制，是近年来我国大学生心理危机预防干预工作的实践创新。心理危机预防干预，重在预防。整合全校师生员工的资源，构建一套全方位的五级工作机制，可以把心理教育尤其是心理危机预防和干预覆盖到每一个学生，能够有效预防和干预心理危机。

五级机制的主要组成部分是学校、院系、班级、宿舍和学生个体，它是一套完整的危机预防和干预系统，与学校日常工作和心理教育有着密切的关系，同时也是高效开展心理危机预防和干预工作最有效的方法。下面是五级工作机制的组成及相应的职责。

- 第一级是学校。其组成部分主要是学校领导、心理素质教育工作领导小组、学生处以及相关职能部门和心理咨询中心。他们的主要职责是制定全校心理素质教育工作规划，做好心理危机干预和预防工作。其中心理咨询中心主要负责对学生进行专业的教育和培训，以及提供咨询服务。
- 第二级是院系。组成人员主要是院系的领导、副书记、专职学生干部以及院系学生会、研究生会的心理部长。他们的主要职责是制定院系的心理素质教育和危机预防干预工作规划，积极开展心理危机预防和干预宣传工作，促进本院系学生心理健康发展，采取措施预防危机发生。
- 第三级是班级。其组成人员主要是班主任、各科教师、学生心理委员干部。他们主要负责制定学生心理素质教育和危机预防干预工作规划，对班级的学生进行心理教育，做好心理危机宣传工作，对本班学生的心理危机保持高度关注。
- 第四级是宿舍。其人员主要由宿舍长和对此项工作关注度较高的宿舍成员组成。他们主要负责对宿舍同学开展心理教育并宣传心理危机方面的内容，对本宿舍同学的心理危机保持高度关注。
- 第五级是学生个人。学生需要积极参与由学校组织的心理教育和心理危机相关的宣传活动，主动学习心理学相关知识，关注自身心理健康，当遇到心理问题时主动寻求帮助；在平时生活中要团结同学，帮助有困难的学生，当发现学生有心理危机时，及时报告给老师或学校相关部门。

学校的各个部门和不同群体在五级工作机制中相互配合，保持密切的沟通和联系并长时间地坚持下去，空间上形成了全面的危机预防和干预的心理教育系统。

2. 实施五级心理危机预防干预工作机制

在高校心理危机预防干预工作中，落实和实施五级机制最为重要。

（1）加强教育与培训

心理危机重在积极预防。运用五级机制开展心理危机预防是心理危机干预工作的基础。积极预防首先体现在教育和宣传上，主要包括以下三个方面。

- 面对广大学生的宣传教育。治标先治本。高校心理危机预防干预工作重在积极预防，这就要求做好日常的宣传教育，提高学生的心理健康水平。如果学生能够掌握充足的心理健康知识，就能够在遇到心理问题时及时调节，平稳面对生活中的各种心理危机，避免出现严重的心理问题。根据学生的生理和心理发展特点，学校可开设大学生心理健康教育课程，开展相关内容的讲座和活动，对学生进行自我认识、情绪管理、人际交往、生命教育等，提升大学生认识自我的能力，帮助他们发展人际沟通能力，建立广泛的社会支持系统，培养主动求助的意识，协助其掌握一定的心理危机处理技巧。
- 通过五级机制对全校教职员工进行培训。学校的教职员工，如果具备丰富的心理健康知识，了解学生出现危机时的心理特征，及时发现学生的问题，就可以及早对出现心理危机的学生进行疏导。所以，学校应该对相关工作人员进行培训，宣传心理危机预防和干预知识，让他们对学生有更高的关注度，提高识别心理危机的能力以及干预能力。

- 对心理健康教育专职教师等心理危机干预专业人员进行培训。因为心理健康教育专职教师不但要在自己的心理咨询工作中及时识别心理危机，对咨询对象进行专业的疏导与干预，而且担负着对全校教职员工进行心理危机预防干预的任务，因此他们要加强自身的专业培训与训练，提高心理危机预防干预的能力。

（2）心理危机排查

心理危机干预的前提是心理危机的及时识别和发现，这就需要建立一套完善的心理危机排查制度。首先，要确定危机排查的对象。在实践工作中，一些心理或行为异常的学生都应该被列为重点关注对象。其次，要把握危机排查的时机，教师应重点注意以下一些时段。

- 新生心理普查。通过新生心理普查可以筛查出可能有中度以上心理问题的学生，及时进行干预。
- 毕业前的排查。学生在毕业前面对就业择业的心理压力，面对从学校走向社会的迷惘与恐惧，特别是有些学生考试失败，还要面临不能获得毕业证书、学位证书的压力，因此毕业阶段学生极易产生心理危机，需要及时排查，对危机学生给予及时的帮助。
- 学期开学初危机筛查。近年来，刚开学就出现心理危机的事件时有发生。因为学生可能在假期中经历了家庭矛盾或情感问题，学校不得而知，他们带着这些问题回到学校，需要教师的关心与关注。
- 期末考试前后对学习压力大和成绩不及格学生的排查。期末考试前，一些学生担心考不好，焦虑情绪严重；考试后，一些成绩不及格的心理脆弱的学生会因无法承受考试失败的结果而出现心理危机。
- 春季、秋季心理疾病高发季节排查。季节转换，会使得一些原本有心理疾病的学生不适应，易发生心理危机。

- 危机事件发生后的危机排查。学校发生危机事件后，一些学生会受到心理冲击，一些与发生危机者有同类心理痛苦的人会受到心理暗示，他们有可能产生模仿行为，因此学校很有必要在危机事件后及时进行心理危机排查和干预。
- 每月一次的危机排查。每月进行一次心理危机排查，及时发现危机，是预防心理危机的有效途径。

3. 采取危机预防干预措施

心理危机排查之后，要对有危机倾向的学生及时采取干预措施，这是主动进行心理危机预防干预的重要环节。要建立心理咨询中心和院系对危机学生情况的沟通制度。心理健康教育中心每个月都要联合院系对危机学生情况进行沟通，除此以外平时发现危机倾向也要进行紧急沟通，并就采取干预措施后的追踪和跟进工作进行经常性沟通，以帮助学生健康成长。

进行心理危机排查工作时要制定并严格遵守危机排查的保密制度，对危机排查的结果要严格保密。为更好地关心和帮助学生，规定只有心理健康教育中心的专业人员、院系主管心理危机预防干预的负责人和危机学生所在班的辅导员才能掌握学生情况，严格禁止向无关人员散播相关情况。

4. 建立危机干预预警方案

在心理危机发生之前，就预先建立危机干预预警方案，一旦危机发生，即可快速进行干预，避免更多的学生受到危机事件的影响，以此保护学生的健康与安全。学校的危机预警方案应当包括以下三个方面。

- 危机干预程序和相关管理政策。首先，学校要针对可能对自我或他人造成威胁的事件，建立起一套包括识别、监控、干预、转介、善后在内的干预程序；其次，要根据危机学生的实际需要，制定危机干预中的相关管理政策，以保证这项工作顺利进行。

- 媒体应对。高校发生心理危机事件之后，要与媒体充分配合，使其宣传报道有利于有效开展学校危机干预工作，有利于维护大学生心理健康和生命安全。因此，学校要在心理危机事件发生时，确定接待媒体和对外发布信息的发言人；事先准备好所有可能用到的信息，学校情况简介、学校声明框架等；要及时收集、整理并核实有关危机的信息，向媒体提供学校的官方声明；向媒体记者提出对学校危机事件的报道和宣传，要以引导大学生关爱心理健康、珍爱生命、维护校园安全稳定为导向。
- 安全环境的保障。在心理危机预防干预工作中，学校安全环境的保障起着至关重要的作用。学校有关部门在进行校园内教学楼、办公楼等设施的建筑设计时应当充分考虑其安全保障，以尽量减少危机事件的发生。学校相关部门应当确保校内的场地和设施等都很完备，确保学生的安全并及时发现心理危机。

（二）探索构建医校合作危机干预模式

如何加强高校与精神卫生机构的合作，使心理危机学生能够获得及时的诊断和救治，是高校心理健康教育工作者和精神卫生工作者共同关心的问题。构建一套医校合作的危机干预模式，是对大学生心理危机预防干预工作的创新性探索。

1. 医校合作危机干预模式的必要性

在学生的心理危机行为发生之前，会有很多信号，如情绪表现异常、性格突变、抑郁、饮食不良等，有些信号非常细微，不易发现。如果学校的心理教师和辅导员缺少对这些危机信号的辨别能力或有关常识，就不能很好地防范大学生心理危机极端行为或事件的发生。而精神科医生由于受过系统的精神疾病的诊疗训练，拥有丰富的诊断知识和评估经验，可以较准确地对学生的心理疾病和心理危机作出评估与诊断，因此，建立高校与精神专科医院合作的机制，对于大学生心理危机的及时识别和救治非常必要。医校合作可以畅通精神疾病学生的转介渠道，使危机学生得到及时干预。

从医院治疗的角度来看，精神疾病学生的康复也需要学校的配合。学生心理疾病和心理危机的形成具有多重复杂的原因，既有生物因素，也有社会因素。因此，心理治疗和精神疾病的医治不能仅靠药物，也不能单靠精神科医生，还必须采用生物—心理—社会医学模式的治疗，这就需要家庭和学校的配合与支持。而且，危机学生的彻底康复需要人格的完善，而人格的完善是一项长期的工作，精神科医生受其职业特点的限制，几乎不可能完成这一工作，这就要靠学校教师给予长期的心理关怀与心理疏导。因此，从学生心理危机干预的长期效果来看，需要高校和医院的相互配合。

2. 医校合作危机干预模式的完善对策

医校合作危机干预模式需要在实践中不断进行探索和完善，主要包括以下三个方面。

- 完善管理制度。高校可以与精神专科医院联合制定合作的相关协议，提供一个合作协议的范本，以促进和引导高校与精神专科医院之间的规范合作。高校要借鉴精神专科医院对病人的管理制度，明确学校、学生和精神专科医院的职责与义务。
- 提供经费保障。高校与精神专科医院之间的合作，需要相应的政府部门给予经费方面的支持，高校也应有相应的经费投入。这些经费的内容包括医院协助高校开展心理危机干预知识培训，医院组织开展对个别危机学生的专家会诊，高校邀请精神专科医生参与大学生心理危机督导评估，医院为心理危机大学生提供优先会诊、检查、治疗与住院等便利，高校和医院建立危机学生信息共享机制及横向研究等。

- 强化专业保障。学校可牵头成立专家库，从精神专科医院和高校中聘请一些从事心理治疗、心理健康教育的医生和教师作为专家库的成员，可以为高校师生的不同需要提供及时的评估、诊断等服务；可以对高校心理咨询教师进行分层次培训，以提高他们的专业伦理意识，对适时转介的重要性、流程、模式等要准确把握；可以举办高校心理咨询机构负责人的培训班，加强精神卫生知识和技能的培训，特别是案例处置，提升学校在危机干预中的识别与处置能力；还可以对精神专科医生进行培训，提高其对高校学生心理危机干预对象的了解，进一步加强其对大学生心理危机预防与干预的认识和理解。

四、建设心理健康教育辅导员团队

2021 年 7 月 12 日，中华人民共和国教育部办公厅发布了《关于加强学生心理健康管理工作的通知》，其中提到将心理健康教育课纳入校本课程、加大教师心理健康教育培训力度、高校按师生比不低于 1∶4000 的比例配备心理健康教育教师等要求。

（一）辅导员在心理健康教育中的作用

1. 促进大学生身心健康全面发展

心理健康是学生综合素质的重要组成部分，是学生全面成才的基础。

大学生正处于人生发展的转折时期，可能会遇到自我认识、学业发展、人际交往、恋爱及就业等多种问题，极易产生心理困惑，甚至会发生心理障碍，严重者会出现心理危机。大学生的心理发展需要教师对他们进行积极的心理引导，帮助他们拥有良好的心理素质，促进其身心健康全面发展。

2. 推动辅导员工作科学化与专业化

高校学生辅导员主要承担学生思想政治教育和管理学生工作。在现实工作中，学生的思想、行为问题许多是由心理问题引起的。随着社会的发展，辅导员越来越多地承担着学生心理疏导的工作。因此，培训高校辅导员队伍，使其具有一定的心理学知识与心理咨询技能，具备对学生开展心理健康教育的能力，是新形势下我国辅导员工作科学化、专业化的必然要求。

3. 深化与普及高校心理健康教育

辅导员是高校学生思想政治教育的一支骨干队伍。辅导员作为高校的一线学生工作教师，不但担负着对大学生进行思想政治教育和管理的任务，也担负着对学生进行心理疏导并帮助学生心理健康发展的任务。他们在工作中接触学生最为密切，最了解学生，能够及时发现学生的心理问题，并及时进行疏导。依靠广大辅导员对学生进行心理素质教育和心理辅导，有利于解决高校心理咨询专业人员不足带来的心理健康教育不够普及、学生一般性心理问题不能及时得到疏导的问题，能够把对大学生的心理健康教育落到实处。

（二）辅导员在心理健康教育中的角色

虽然高校辅导员的心理辅导工作很重要，但是辅导员不是专业的心理咨询师，其角色与功能还是有别于心理咨询教师的。高校辅导员在心理辅导工作中有其独特的角色定位和作用，主要体现在以下五个方面。

1. 大学生心理成长促进者

大学阶段处于人生发展的重要时期。辅导员应该结合日常学生工作，开展丰富多彩的心理健康教育和团体成长活动，促进大学生提高自我认识、增强人际关系，培养多种能力、磨炼意志、开发潜能，拥有正确的人生态度，树立正确的人生理想。

2. 大学生心理困惑疏导者

辅导员工作在大学生教育第一线，是学生工作的直接管理者。他们的工作特点使其与学生接触更广泛、更亲密，因此更容易与学生建立相互信任和尊重的关系。辅导员与学生的接触时间长，年龄相仿，生活阅历和成长背景与大学生接近，与学生具有较多共同的兴趣爱好和话题，对学生的个性特征、家庭状况、人际关系等方面有比较清楚的了解，便于及时发现学生潜在的心理问题，能够及时疏导学生常见的心理问题并提供建议，帮助学生及时解除心理困惑。在学生心理健康的日常维护上，高校辅导员扮演着不可或缺的角色。

3. 大学生心理咨询推荐者

辅导员是大学生心理问题的第一发现人，他们可以及时推荐有严重心理问题的学生到专业的心理咨询和治疗机构接受治疗。当学生有了心理问题不能主动求助时，辅导员可以做说服学生的工作，帮助他们改变对心理咨询和心理治疗的不正确认识，排除疑虑，主动寻求心理帮助。所以，辅导员在学生和心理咨询机构中间起着重要的桥梁作用。

4. 大学生心理康复支持者

对于一些接受心理咨询和治疗、处于心理康复期的学生，关键是让他们回归正常的社会生活。辅导员应当把这些学生接纳到正常的校园生活中来，关心他们的学习和生活，解决他们的实际困难，发动周围同学给予他们关爱，鼓励他们参加集体活动，培养其社会适应发展能力，协同专业机构进行辅导，巩固咨询和治疗效果，使其尽快恢复健康。

5. 大学生心理危机干预者

辅导员能够广泛地对学生进行心理危机预防干预教育，及时识别危机学生，进行及时转介和干预，有效预防大学生心理危机。学生心理健康的危机事件是学校工作的重点，这类事件有偶然性、突发性，伤害性大、影响面大、社会关注度强，处理过程复杂、工作难度大的特点，一个危机事件的出现需要很长时间来处理。

辅导员既可以求助于学校心理中心的专业心理指导教师，也可以调动学生党员、干部等群众力量，还可以及时与家长沟通，充分调动各方面的资源，共同帮助有心理问题的学生。因此，辅导员在学生心理健康危机事件预防和应对的具体落实上发挥着重大作用。此外，有一些辅导员还要承担一定数量的大学生心理健康课程的教学任务，因此也担负着心理健康教师的角色。辅导员要胜任职务角色，就需要学习和借鉴心理咨询的理论与方法，接受心理辅导能力的培训。

（三）辅导员的心理辅导专业技能培训

对辅导员进行心理辅导技能培训，既是辅导员自身成长的需求，也是当代辅导员做学生工作的需求。

1. 心理辅导专业技能的培训目的

心理辅导技能的培训是促进辅导员个人成长，保持身心健康的需要。就高校辅导员而言，他们既要承担学生的思想政治教育、管理、帮助、就业指导与生涯规划、心理健康教育、心理危机预防干预等工作，还要承担相关的一些课程和研究工作以及学校中各部门直接与学生有关的工作。学生危机事件的发生，不仅给辅导员增添了许多工作量，也会对辅导员的身心造成影响。

除工作之外，辅导员还承受着各种生活的压力，以及学习、进修等个人发展的压力。对辅导员进行心理素质教育能力的专业培训，可以帮助他们运用所学的心理学理论和方法调整自己的心态，增加自我认同感和自我价值感，积极乐观地面对生活和工作，提升心理健康水平，促进个人成长。

心理辅导技能的培训也是辅导员专业化发展的需要。高校辅导员绝大多数是非心理学专业毕业的，在专业素养和专业能力方面都存在欠缺，大多缺乏系统严格的训练。在日常的学生工作中，与学生进行深入的心理沟通，了解各类学生的心理特点，疏导学生的不良情绪，以及识别精神疾病和心理危机是辅导员需要具备的工作技能。辅导员迫切需要接受心理辅导的相关培训，需要掌握心理学的相关理论和心理咨询的方法，提升自身的专业化能力，科学化地做好学生工作。

2. 心理辅导专业技能的培训内容

高校辅导员心理辅导专业技能培训的目标包括：掌握与大学生心理辅导相关的专业知识；具备大学生心理辅导的操作技能；运用所学的心理辅导知识和技能开展本院系、本班级的心理素质教育工作，与学生进行心理沟通并对其进行心理疏导和危机预防干预；促进辅导员自身心理健康与自我成长。高校辅导员心理辅导专业技能培训的内容包括以下四个方面。

- 辅导员自身心理健康与成长培训。通过学习有关心理健康的理论，辅导员得以了解心理辅导员个人成长的意义，明确自己的心理素质要求，学习心理调节的方法及个人成长的有效措施，从而使其能够提升自我认识，正确处理压力，保持心理健康。
- 心理咨询理论与方法培训。心理咨询理论与方法包括个体与团体两个方面。个体心理咨询的理论与方法包括心理咨询的定义、心理咨询的伦理道德、心理咨询关系的建立、心理咨询与思想政治教育的关系、我国高校心理咨询的发展、个体心理咨询的基本过程及常用技术；心理咨询的基本过程；心理咨询的常用技术，包括尊重、真诚、共情，非语言沟通技术，倾听技术，提问技术，影响技术等；心理咨询计划和方案的制订与实施；心理咨询的基本理论流派，包括精神动力学理论、人本主义理论、认知行为理论等。而团体心理咨询的理论与方法包括团体心理咨询的基本理论、团体心理咨询的主要阶段、团体心理咨询的基本方法、班级心理辅导的组织实施等。
- 大学生心理健康专题培训。大学生心理健康专题培训包括：大学生心理健康的概念，大学生心理健康的标准，心理健康对大学生成才发展的意义，大学生常见心理问题的表现及鉴别，大学生常见的心理问题及教育（大学生的自我意识、适应与发展、人际交往、情绪管理、恋爱心理、挫折应对等），还有开展高校心理素质教育活动的途径和方法等。
- 大学生心理危机识别与预防干预培训。大学生心理危机的识别与预防干预包括：心理危机及心理危机干预理论，心理危机的干预模式与干预技术；心理危机的发现与识别，尤其是导致大学生自杀的危险因素；高校危机预防干预体系的实施，高校心理危机干预的流程，高校心理危机干预体系的实施，高校心理危机干预案例分析。此外，大学生心理测量的基本方法也是培训内容之一，包括心理测量的基本原理及应用，心理测量的伦理要求，大学生常用心理健康测量表的使用等。

对于辅导员的心理辅导技能培训，要采取理论联系实际的方法。引导辅导员在教学过程中，结合自己的生活经历、成长过程、工作实际和心理活动等进行学习与思考，自觉运用学习的相关理论，分析工作、生活、发展中遇到的实际问题。培训要有集中性的理论培训，要注重实践环节，以培养辅导员的实际应用能力为目标，引导辅导员把学习的理论与方法运用到大学生思想政治教育之中，运用到本校心理健康教育之中，增强工作的科学性和实效性。对辅导员的学习与应用进行督导，可以帮助他们在实际工作中更好地运用心理辅导的理论和方法，因此培训中要加强专业督导。

3. 心理辅导专业技能的多样性培训

多样性是指在进行心理健康辅导时要设计丰富多彩、生动活泼的活动来赢得学生的欢迎，调动他们参与活动的积极性，力求让他们在欢歌笑语中陶冶情操、接受教育。活动设计要体现多样性，这就要求设计者必须不断创新，通过加、变、改、移等思路来变换形式。例如，在传统的班会中加入心理小活动，这样活动不断以新面孔出现，会使学生感到新颖有趣，从而增强活动的吸引力。

五、构建积极心理健康教育机制

大学生心理健康教育辅导的核心任务是培养大学生的积极心理品质。这就要先明确大学生积极心理品质的结构和内容，开发科学、有效的测评工具，为大学生积极心理品质发展规律和积极心理健康教育效果评价等一系列科学研究的开展奠定基础。

（一）积极心理健康教育及其活动

大学生是社会中的一个特殊群体，他们是走在新技术、新思想前沿的群体，是国家培养的高级专业人才，代表着最先进的流行文化。大学生是年轻有活力的一代，是推动社会进步的栋梁之材。因此，确保大学生身心健康、快乐发展及生活幸福意义重大。

中华人民共和国教育部办公厅印发的《普通高等学校学生心理健康教育课程教学基本要求》指出，促进学生健康成长、培养高级专业人才，是全面贯彻党的教育方针、建设人力资源强国的重要举措，是全面提高高等教育质量、加强和改进大学生思想政治教育的重要任务。各高校要根据学生心理健康教育的需要，结合本校实际，制定科学、系统的教学大纲，组织实施相应的教育教学活动，保证学生在校期间普遍接受心理健康课程教育。相关政策的要求有效推动了大学心理健康教育迈上新台阶，取得新成效。

注重预防和发展的积极心理健康教育，为大学生心理健康教育的开展提供了新的思路和视角。积极心理健康教育主张固本培元、厚德载物、刚健有为、自强不息、标本兼治。积极心理健康教育创始人孟万金教授带领课题组已经建成全国师生积极心理品质数据库，研究并发表了大学生积极心理品质量表，同时，还开发了基于网络和多媒体系统的大学“幸福课”课程资源，为大学积极心理健康教育提供了科学指南、操作方案和行动抓手。目前，部分大学通过心理拓展训练、团体辅导训练、大学生朋辈辅导和教育分层干预等方法开展的积极心理健康教育，均已取得了良好的效果。

由此可见，在大学生中实施积极心理健康教育既是必要的也是完全可行的。

1. 大学生积极心理健康教育测评与内容

大学生积极心理健康教育研究主要包括测评工具和测评内容两个方面。

（1）大学生积极心理健康教育的测评工具

大学生相关研究计划的进行需要积极心理品质的配合，因此开发大学生积极心理品质测评工具十分重要。大学生积极心理品质量表的成功创立便是基于这一缘由，它的开发首先依靠积极心理健康教育的思想理念，通过创建科学、合理的大学生积极心理品质框架，培养当代大学生的积极心理品质，从而顺利推进大学生积极心理健康教育的开展。这种测量工具实用性高、价值性强，为后续相关研究的开展提供了理论依据。

大学生积极心理品质量表不仅具有一定的科学性和合理性，还体现了良好的效度和信度，因此，在大学生积极心理健康教育活动中，这种测评工具为积极推进高校心理健康教育工作的开展及该工具的后续转型奠定了一定的科研基础。另外，大学生积极心理品质量表可以为大学生心理健康教育增设发展性、预防性功能，从而弥补目前高校大学生积极心理健康教育研究方面的缺憾，使高校大学生能在其中受到良好的心理健康教育，促进大学生心理健康发展。

（2）大学生积极心理健康教育的内容

在开发大学生积极心理品质测评工具的基础上，对大学生积极心理健康教育的内容、方法和模式的探索也在进行之中。内容上主要围绕积极认识和接纳自我、建立良好的人际关系、获得自尊与自我独立、保持自我和谐、增强意志力和自控力等核心积极心理品质的培养展开。方法上主要将认知训练和情感熏陶相结合，既使大学生认同积极心理品质的重要作用，又能在学校营造的良好氛围中形成积极的心理品质。

2. 大学生积极心理健康教育发展策略

（1）加强大学生积极心理健康教育课程建设

课程是积极心理健康教育的载体，科学、系统的课程将有效提升大学生积极心理健康教育的效率和质量。从目前的研究和实践来看，大学生积极心理健康教育还比较缺乏系统课程，不同高校开展的积极心理健康教育的内容和形式多样，对积极心理品质的培养各有侧重，因此，需要及时开发一套符合大学生身心发展特征和需要的课程，以提升大学生积极心理健康教育的科学性和规范性。

（2）通过网络监测大学生积极心理健康状况

随着科学技术的进步，互联网已经成为大学生日常生活中不可或缺的媒介和工具。利用网络平台，充分发挥技术的优势，能够有效提高积极心理品质培养效率。高校心理健康教育工作者可以利用互联网平等、隐蔽、快捷、实时、互动的特点，通过网上心理解析、训练、辅导、咨询、测验、诊断、治疗等方式促进大学生积极心理品质的发展，为大学生提供积极心理健康教育辅导与咨询服务。在日常社会交往活动中，微信以其平等性、开放性和交流自由性等鲜明特点在大学生中被广泛运用。在大学生群体中，微信的这些特性也帮助他们实现了自由、开放的沟通，且其中一些独有的功能还有助于他们留下回忆或与他人分享。借助这些优势，大学生积极心理健康教育工作者可以实时了解他们的生理和心理状态，并根据这些学生的实际情况开展心理健康教育，获取更加全面的积极心理健康知识，排解学生们遇到的心理难题，充分发挥高校大学生积极心理健康教育工作的有效性和实时性。

（3）将辅导员作为积极心理健康教育的对象

由于多数大学生都住校，高校辅导员在大学生的学习和生活中扮演着重要的角色，是沟通学校、家庭和学生的“桥梁”。辅导员是高校中非常重要的一个群体，他们虽然不是专业教师，但与大学生有着频繁的互动和接触，也承担着密切关注大学生心理健康状况、及时发现并解决相关问题的重要责任。因此，高校在开展积极心理健康教育时，应当将辅导员群体作为对象之一，让他们了解积极心理健康教育的相关理念和内容，在不断提升自身积极心理品质的同时，更好地配合学校开展积极心理健康教育，使大学生能够真正受益。

3. 大学生积极心理健康教育的实践分析

（1）大学生积极心理健康教育实践类型

整体而言，大学生积极心理健康教育的实践主要分为相关培训和会议研讨与积极心理健康教育活动两方面。

- 开展相关培训和会议研讨。开展相关培训是积极心理健康教育的基础途径。在积极心理健康教育被正式提出并开始在大学生群体中应用后，许多高校及心理学研究机构等专业组织多次邀请积极心理健康教育工作者开展有关讲座和培训。积极心理健康教育已经迅速发展为“中国特色的大学生心理健康教育”，引领了我国大学生心理健康教育的发展方向。
- 开展积极心理健康教育活动。在各类讲座、培训和研讨会不断召开的同时，各高校的积极心理健康教育活动也不断涌现出来。例如，北京航空航天大学以团体心理辅导活动为载体，进行了高校积极心理健康教育模式的探索，认为开展团体心理辅导可以在更广泛的层面上讨论和解决大学生成长中面临的问题，可以帮助大学生认识到成长中的一些共性问题，并且意识到这些问题是自己成长中必然会遇到的课题。从实际情况来看，团体心理辅导是非常受大学生欢迎的一种积极心理健康教育方式，它针对大学生宿舍人际关系、学习压力、情绪管理、恋爱婚姻、自我成长等内容进行培训，从而增强大学生个体的安全感、喜悦感、归属感、认同感、价值感，提高大学生的自尊心、自信心。大学生可以在团体辅导过程中找到新的解决办法，充分挖掘自身解决问题的潜能。

此外，各高校还开展了各种各样的活动，如新生军训、大学生电影节、体育活动等，组织了心理社团、艺术团，利用相关心理咨询网进行心理咨询等。这些活动都为大学生积极心理健康教育做出了巨大贡献，帮助大学生减轻了各种压力并获得了积极发展的力量。值得一提的是，以贫困大学生心理援助为目标的积极心理健康教育同样得到了实践者们的关注。在积极心理健康教育理念的指导下，通过营建积极的校园生态、开展丰富多彩的校园活动、激发学生主动性、帮助学生建立积极信念和提高学生心理弹性等措施，高校心理健康教育工作者有效地帮助贫困大学生摆脱了心理困扰，使他们能够更好地适应大学的学习和生活。

（2）大学生积极心理健康教育实践活动

下面重点探讨大学生团体心理拓展训练。

大学生团体心理拓展训练对培养积极心理品质具有重要意义。就北京航空航天大学来讲，该校建立的心理拓展训练平台大大提升了学生心理健康教育活动的水平。通过探索大学生心理健康教育的科学方法并模拟相应的自然环境和情境模式，这项训练旨在激发学生自身存在的积极品质，帮助大学生完善个人心理素质，促进其全面健康发展。具体而言，大学生心理拓展训练综合了组织行为学、心理学及教育学等多门学科的先进成果，是一种根据学生自身实际情况、身心发展特征及现实社会的实在需求建立起的体验沉浸状态的培训活动计划。通过参加团体心理拓展训练活动，大学生可以发挥个人潜力和自信心，加强团体合作力和凝聚力，借由活动中的交流分享功能和回顾反思功能，将个人经验和体会融入现实生活中。参与团体心理拓展训练活动的大学生既能在其中训练他人，又能够被人所训练，在了解他人心理品质的同时也能够掌握自身存在的心理问题，明确自身的优点，填补自己的不足，积极纠正自己的心理偏差，促进心理品质健康发展，实现大学生团体互相训练、共同发展的目的，加强团体凝聚力。

大学生团体心理拓展训练活动最主要的特点便是惊险、新奇、刺激和开心，通过让学生参与到各种形式的活动中，营造出活跃、刺激、快乐的气氛，提高他们参与活动的主动性、参与性、积极性，提高心理健康教育活动的有效性，帮助学生在互相训练中提高自己，培养积极心理品质。大学生心理健康教育活动的基本理念包括积极、快乐，因此借由心理拓展训练活动，学生可以增加心理免疫能力，激发自身潜能，拓宽解决心理问题的方法途径，提高他们的竞争力、合作力和包容力，高效完成大学生心理健康教育任务。

一般而言，大学生团体心理拓展训练的对象包括学生和辅导员两个群体。针对学生，可以根据不同年级学生的特点和学生群体的需求，开展不同主题的心理拓展训练，强化学生的团队合作与竞争意识，开发学生的不同潜能。这些训练旨在让学生了解自己，充分利用积极心理健康服务资源，充分体验开放分享、快乐学习的魅力，增强团队精神和协作意识，增进彼此了解，建立人际信任，融入群体和社会。

鉴于辅导员在高校大学生心理健康教育活动中极为重要的作用，高校可以开展辅导员心理素质拓展训练专题培训活动，帮助辅导员强化个人能力，并将自身收获的经验融入日常教育活动中，提高学生参加训练活动的积极性，培养他们的积极心理品质，提高团体合作能力。

在开展心理拓展训练的过程中，需要注意以下事项。

- 热身是开展大学生心理拓展训练的重要前提。在活动开始之初，训练师先要组织相应活动，为大学生营造快乐、积极、刺激的现场氛围，加强学生之间的心理距离，从而创建活跃、积极的团队关系。例如，训练师可以组织学生介绍自身实际状况，然后根据他们自己的情况举办一些刺激、新奇的训练活动，激发学生参与的积极性和主动性，促进学生融入新环境，便于后续训练活动的展开。另外，热身活动可以起到调动学生激情的目的，帮助学生放松心态，忘掉训练外的事情，积极进入训练活动中，提高团队之间的协作能力和凝聚力。
- 大学生心理拓展训练活动顺利开展的最重要一点便是安全性。热身活动结束后，在学生对训练活动及参与人员有了大致了解后，训练师可以解答和讨论学生提出的一些问题，然后直接进入实地心理拓展训练环节。当然，在此之前，训练师应向学生强调活动中的一些安全注意事项，保证学生安全、欢乐地投入训练活动，尽量避免一切威胁安全的事件发生。如一切活动听指挥、动作的规范性、热身活动是否到位及活动器材的使用说明等都要切实给学生讲清楚并要他们真正领会。
- 大学生心理拓展训练活动要遵循一定的实施规范，并将人员多寡、活动场地以及学生的个人特点等因素考虑进去，依照由易到难的顺序逐步过渡进行，保证活动组织的科学性和合理性，帮助学生在其中发现个人优势，提高自信心，将获得的直接经验慢慢迁移到未来生活中。

- 在心理拓展训练活动中，训练师应根据实际情况提前制订训练计划，并统计学生的参与情况与所获得的训练成果，最后获得具有针对性的准确点评信息。具体而言，统计的内容主要包括学生在活动中的个人表现、训练计划、训练进展及训练成果等。最后，训练师应对活动的开展情况和训练成果做一个细致的总结和评价，与学生讨论其在训练过程中所获得的经验和不足，提高其思考能力和总结概括能力。由此看来，训练师在最后对活动和学生进行的导引式总结，不仅可以帮助训练活动更加顺利地进行，还可以加深学生对自己与他人的认知和了解，挖掘自身存在的优势，培养团队凝聚力，促进个人心理健康发展。

大学生心理拓展训练在理想情况下应取得四个成效。首先，在训练活动中，参与者的自我认知能力和反思能力应得到极大提升，能发现自身存在的优点与不足。其次，心理拓展训练活动可以帮助学生提高人际交往能力和团队合作能力，加强团队协作意识和群体意识，帮助参与者建立起深厚持久的友谊，建立对彼此的信任。再次，心理拓展训练活动要能大大提升参与者的情绪管理能力和压力承受能力，帮助他们在困境中保持沉着冷静，以解决遇到的一系列难题。最后，心理拓展训练可以大幅度激发学生的个人潜力，在一些具有难度的活动中，学生能够在解决问题的过程中发现自己的优势，从而激发自己的潜能。

（二）积极心理健康教育课程培育

“新时代的心理健康教育不应再止步于解决问题，充分地去挖掘大学生身上的潜在能力，尽可能让他们拥有更多积极品质，从而达到最终塑造大学生积极人格的目标。”[①] 积极心理健康教育课程培育需要注意以下五个方面的问题。

1. 扩大教学目标

从积极心理学的角度转变教学目标。首先，应该扩大目标人群，不应该只关注有心理问题的学生，而应该面向全体学生；其次，将价值目标进一步扩大，以往只是预防产生心理问题，现在则应该转变为积极培育学生良好的心理品质，体现出人文关怀，帮助学生实现自我价值，不断突破自我，实现人生目标。

2. 不断丰富教学内容

在心理健康课程教学中，教师应融入积极心理学中有关心理品质培育的内容。大学生的心理品质具有很高的可塑性，可以有针对性地设计合适的教学内容，让学生根据自身特点自主选择合适的学习内容。比如有的学生比较怯场，害怕在众人面前展示自己，这时教师就可以让他们在课堂上进行演讲，不断挑战和突破自己；又如有的学生不会拒绝别人，教师就可以设计和模拟真实的情境，让他们学会在现实生活中拒绝别人，使其变得更自信，形成正确的自我认知。

3. 创新教学模式

因为教学资源短缺，很多高校的心理健康课程是大班教学，通常是以教师讲授为主，教学效果不明显。为此，教师应该不断开拓创新，使教学模式更加丰富多样，积极培育学生良好的心理品质，在教学中实施体验式

---

① 于风笛：《积极心理学视域下大学生心理健康教育对策研究》，硕士学位论文，沈阳航空航天大学，2015 年，第 27 页。

教学方法。比如，将学生分成不同的群体，匹配不同的教学内容，通过分组实现教学方式的个性化，可以让一些小组进行演讲展示，另一些小组做团队展示。在心理健康课程教学中，关键在于真正做到教和学相结合。教师通过知识讲授，纠正学生的错误认知；在课堂上模拟真实的情境，让学生有更多体验的机会；帮助学生做心理沟通技巧练习，不断完善自我。实现教学模式的创新，就是要引入体验式教学方法，让学生成为课堂教学的主体，亲身参与和体验教学，实现教学的个性化。

4. 改变教学评价

从积极心理学角度出发，教学目标主要是帮助学生形成良好的心理品质。为此，需将学生分组，采取合适的教学模式，不再采用单一的评价模式，而是将过程性评价和终结性评价相结合。学生需要鼓励，教师要认可学生的进步。在最终的考核和评价时，综合考虑每一个学生哪怕非常细小的改变和突破，打破传统的终极评价模式。过程性评价是一种十分积极的评价模式，可以让学生体验积极的情感，培育良好的心理品质。

5. 提升教师素质

在心理健康课程教学中融入积极心理品质培养，也要不断提升教师素质。教师的心理素质和自我修养要不断提升，用自身的人格魅力去影响学生。与此同时，因为教学内容、教学模式和评价方法的转变，教师应具备更强的课堂组织能力，所以教师要不断精进自我，既要提高自身授课技能，也要不断完善人格修养。

（三）心理健康教育中的积极心理学

教育的最终目标是教书育人，这里的育人可以理解为“成人”。“成人”

的标志有三个：第一，缺点修正，让那些本身存在恶习的人及时纠正坏习惯；第二，道德价值观的树立，即通过一定的知识储备，具有自己的学识和道德价值观；第三，识人辨人，鉴定别人的品行。

当前社会，传统的心理健康教育往往将受教育者放在第一位，纠正缺点是他们存在的唯一价值，这种消极病态的教育被称为“医学式”病理性教育。事实也确实如此，很多心理学家逐渐发现，专注于痛苦，把注意力放在解决痛苦上，人们可能会变得更加痛苦。积极心理学恰恰与此相反，正如康普顿在其著作《积极心理学入门》中所说：“积极心理学家要去发现和培育天赋和才华，让日常生活更令人满意，而不仅仅是治疗心理疾病。”由此可见，积极心理学是以人为导向，它的教学重点是促进积极心理而非传统的纠正问题。积极心理学以培养学生的优点为主，旨在激发学生更多潜力。要意识到，其实人的注意力就那些，所以如果每个人都把注意力放到积极的角度上，那么大家就不容易受到消极影响。积极心理学的教育重点一方面是对普通人生活的关注，另一方面也有对一些天才学生的关心，使社会中的少数群体拥有更加幸福的生活，这也是积极教育的根本。

1. 积极心理学对大学生心理咨询的启示

心理辅导模式是体现某种心理辅导思想、目标定向、促进心理辅导功能发挥的操作思路。心理治疗倾向于病理性的治疗，即将治疗重点放置在病人的治疗上，同时研究一些外在刺激对病人造成的心理影响。积极心理学则认为，良好的心理治疗方式应该涉及多方面内容，例如，亲和力、关心、贴心服务、认识新人、交流技巧等。积极心理学认为，培养人的积极性，发掘其内在优势是治疗心理问题的最好方式，治疗并非先根治病人现有的问题，而是先发掘病人自身的潜力。在心理治疗中，应该将病人看作个体，而非病原载体，简言之，看到疾病的同时，也要看到人内在的潜力，通过一些积极的心理治疗方式，帮助病人树立康复的希望，并采取一定措施，调动患者的积极性。

（1）积极心理咨询促进大学生心理健康教育

积极心理学提出了积极预防思想，认为加强大学生心理健康教育，培养大学生良好的个性心理品质，提高大学生的社会适应能力、承受挫折能力和情绪调节能力，对治疗心理疾病有预防效果。积极预防思想主要体现在两个方面：一是探究问题出现的根本意义；二是从问题出发，通过鼓励的方式，增进个人的积极力量。大学生自身已经具备了一定的辨别能力，对新鲜事物的接受力较强，也有自己的理解与判断，因此，积极心理咨询方式对解决当代大学生的心理健康问题有很大的帮助和促进作用。

（2）积极心理咨询贯穿大学生心理健康教育始终

建立大学生心理档案，是加强学生心理健康教育工作、推进教育向纵深发展、实现教育现代化的重要条件和必要保障。因而，要促进高校大学生的心理健康，可以从建立学生专属心理档案开始。积极心理学也建议，要通过心理档案，展开对学生的跟踪调查，借助档案调查结果，有针对性地做好档案管理记录。对于个别心理健康存在问题的学生，要积极开展心理咨询工作，让学生有健康的心理环境。值得一提的是，在对大学生建立个人心理档案时，为防止遗漏，可在全校范围内根据学校班级专业排序，进行整体建设。大学生心理档案是高校心理教育机构对学生进行心理测量诊断后，对结果进行的记录、整理、分析和分类保存。

2. 积极心理学对大学生心理健康教育课程的启示

（1）树立积极的大学生心理健康教育课程目标

传统大学心理健康教育关注的是有关“人”和如何做人，以及对理性人格的论述，体现了心理健康者的特点。目的是消除大学生存在的心理问题，防止学生因心理恶化造成恶性事件。积极心理健康教育则是以提升大学生的幸福感为目标。当前人们的生产生活不再局限于解决温饱问题，而在于对幸福感的提升。在如此社会环境的熏陶下，高校的心理健康教育也进行了相应调整，提出了“让学生生活更健康、更幸福”的主题，目的是让学生的校园生活更有意义。

- 大学生心理健康教育立足于将来。积极心理学认为，当前大学生的心理教育不应局限在消除学生的心理问题上，而在于大学生的未来生活上，不能简单地认为，学生此时心理没有出现问题，行为符合大学生规范，他们将来也就没有问题。对学生进行积极心理学的教育，可有效抵消学生的消极状态和负面情绪，并可以让学生长期保持一种乐观向上的心态，从而帮助学生朝着更好的方向发展与进步。这也符合未来社会对人才培养的标准。
- 高校大学生心理健康教育在促进学生心理健康发展的同时，还应该尊重学生的自主性。人与人之间虽然存在某些共性，但是每个人又是独立的个体。当前，先进的教育教学理念与方法层出不穷，除了挫折教育和常识教育之外，教师还可以对学生进行积极心理暗示，引导学生树立正确的人生观，为学生创造民主、和谐的教育教学环境。积极心理学提倡从大学生的差异化入手，开设心理健康课程，让学生的心理素质得到整体提升。此外，学校可利用现有的办公条件，开展一对一的心理健康咨询和心理教育活动，以满足学生个性化发展的需求。
- 多层次心理健康教育。心理素质是多个维度（认知、情感、个性等）共同作用的成果。这些心理素质的组成成分，采用不同形式混合作用于不同领域，又加入一些新的特点，具体表现在学生的适应性方面，例如学习、职业、社会交往等。积极心理学认为高校大学生心理健康教育的目标不应停留在缓解学生的学业压力和将来的职场压力上，更应该关注学生的个人心理健康以及自身幸福感的提升，通过自信、乐观、积极等多项正能量的指标考核心理健康水平。

（2）开展积极的大学生心理健康教育课程内容

心理健康教育是根据学生生理心理发展的规律，运用心理学的教育方法，培养学生良好的心理素质，促进学生整体素质全面提高的教育。然而，当前心理教育课程的关注点为学生的心理问题，目的是解决学生在校园生活中遇到的学习、娱乐和人际关系等方面的问题。根据学生的情况，给予一些建议和帮助，最后是让学生主动找寻自己讨论的话题。

积极心理学的出现和发展为人们提供了看待心理学的新视角。心理学并不只是研究心理障碍和精神疾病的学科，而是一门更普遍的科学，关注正常生活，关乎人类的健康和幸福，是一门积极正向的科学。这种价值给当下的心理健康教育提供了一个新的论点，丰富了心理教学内容，让人们对心理学也有了新的审视。积极心理学内容体现的是积极的情绪，激励人们往美好的品质方向发展。这些内容都源于日常生活，既有社会的普遍性，也带有鲜明的个性色彩。其实从其研究内容来看，积极心理学不光研究人类的幸福，还研究道德、智力、审美、创造、积极的社会关系、积极的社会组织、生活的意义等内容。

积极心理学在大学生心理健康教育课程中的内容主要包括以下六个方面。

- 认知发展。积极心理学认为提升学生的心理健康教育首先要从学生的认知层面开始，通过一些科学方法的指导，让学生自主研究、了解认知发展规律。此外，在日常的认知培养中，教师要挖掘学生的优点，让学生更全面、多维度地了解自身存在的优势和不足，以便于提升今后的幸福感。

- 情绪稳定。情绪教育是积极心理学中的一门重要课程。无论是学生还是成年人，情绪稳定都是保证身心健康的有效手段。情绪教育可以帮助学生掌控自己的情绪，了解自身情绪的波动，帮助其调整到正常状态。
- 意志优化。积极心理学认为，“心理韧性”是人的一个最佳状态。意志力，就是人能够驱使其做自己认为应该做的事情的动力和坚韧精神，能够开拓和提升自己学识、境界和能力的精神。每个人都需要克服自己内心的障碍，而这都离不开意志力；要想改变自己，也需要依靠内心的力量。高校心理辅导教师应指导学生正确应对挫折和困境，让他们学会面对人生的逆境，激发其内在潜力，从而自主解决问题。
- 个性化完善。学生个性化发展的前提是修身养性，增强学生自控能力，自动抵制外界诱惑，纠正个人存在的问题，全面培养学生对待自己和他人的处事态度。
- 人际关系和谐。高校大学生心理教育应下意识地培养学生在今后人际交往中的相关规则，帮助其掌握一定的社交技巧，让他们能够在团体中与人和谐共处，进而建立起健康的人际关系。
- 环境心理适应能力。针对这个问题，心理辅导教师应从学生对心理健康、环境心理的适应教育案例入手进行深入研究。

（3）开展积极心理健康教育课程方式

传统心理学对当代大学生的心理健康教育课程产生了较大影响，这就使得教学形式比较单一，教师更加注重知识的传授，在课堂中没有过多情感互动和交流。但是，积极心理学为激发学生积极性和师生之间的情感交流提供了支持。积极心理学的理论基础是积极人性论、认知情感理论及需求驱动论。积极心理学的应用为课堂带来了积极情绪，课堂上除了知识的传授还有情感的交流。对于课堂而言，情感除了能够调节气氛外，还是教学中的一个重要组成部分，因为教师如果想要实现互动，想要提升学生的体验并促进他们参与实践活动，教师就应该改变以往单一机械的教学模式，使用双向互动的教学方式。例如，使用小组讨论、角色扮演或实践活动等教学方式提供愉悦轻松的氛围，让学生在活动中构建知识体系，让心理健康知识的学习和情感的交流互动充分融合，为学生带来全新的学习体验。

- 互助式的教育方式。互动式教育方式是指人们通过行为的互动为彼此的心理带来一定的影响，从而引导教育参与者的心理素质发生积极变化的教育方式。在互动式教育过程当中，在情感的交流与互动当中，大学生的情绪更容易被激发，更容易实现心理健康教育的目标。高校应该始终将大学生放在教育的中心位置，要为大学生提供能够激发其主动性、参与性及思考性的活动内容，让心理健康教育真正发挥其调节情绪的作用。在具体的活动中可以使用的方式主要有：自助式心理暗示，即个体的自我心理暗示，比如写日记或自言自语等；自助式心理激励，即同学之间的相互肯定与鼓励，从而为彼此的心理带来积极影响；在自助式心理辅导中，有心理辅导需求的同学也应扮演辅导者的身份；自助式心理训练，要通过参加角色扮演、拓展或演讲等活动提升个体的心理体验；自助式心理社团能够引导学生在社团活动中自主地提问并解决问题。
- 自我教育的方式。通常情况下教育是被动的，但是自我教育具有明显的主动性和积极性。自我教育注重研究积极因素。人都具备自我成长的潜能，人都能够自我修复挫折或困难带来的伤害。在社会发展的过程中，人类基因当中的积极因素会被激活，逐渐成为能够影响心理发展的积极因素，在这些积极因素的作用下，人能够形成积极的品质特征。如果积极因素能够被调动，那么就可以预防心理疾病，人也会成为更加健康、积极的人。所以，积极心理学指出，应该注重自我的心理健康教育，调控自身的生理因素和心理因素，更好地认识、了解自我，以此实现对自我的超越。

- 体验式的教学方式。体验式教学是指教师应该为学生的学习创建适合的情境，以此来激发学生学习的主动性，转变学生的学习态度，使其由被动接受转变成主动创造。除此之外，还要在教学情境体验中学会战胜困难，调节消极想法，改正错误认知，培养他们形成积极的情感认知和正确的观念认知，让学生在教学活动中体会到学习的愉悦，实现学生的自主学习。例如，心理活动的主题可以由学生自主确定，以满足其需求，帮助他们快速掌握心理知识与调节方法；在活动探究方面可以注重对学生自信心、意志力的培养，帮助学生形成优秀的心理品质，最终能够调节情绪、应对压力。

3. 积极心理学对构建大学生社会支持系统的启示

以往的教学过程，普遍将大学生的心理问题和心理教育当作专职教师的职责，认为心理教育只是教师和学生之间的单向沟通，心理教育没有涉及家庭，也没有涉及社会，只是学校单方面的发展和建设，没有形成家、校、社会一体的大学生心理发展体系。积极心理学指出，环境不仅能够带给人生存经验，环境还会影响人的发展。无论是家庭环境还是社会环境，都会对人的成长产生巨大的影响。学生的成长涉及的环境就是家庭环境、学校环境以及社会环境，如果想要进行心理健康教育，就需要学校、社会以及家庭的共同努力。只有三者建立起合作关系，积极地发挥自身的环境优势，才能够保证大学生的心理能够健康发展。积极心理学指出，应该积极地呼吁家庭和社会加入心理健康教育中，建设完善的社会支持系统。

- 家庭开展心理健康教育。社会是由一个一个的家庭构成的，个体也是在家庭环境中成长起来的，家庭环境对个体的心理健康发展有着重要的影响。精神分析学指出，人类早期的经验会对其后期发展产生巨大影响，有一些早期经验甚至会决定人的后期发展。大学生在进入大学生活之前，基本都是在家庭生活中成长起来的，家庭环境为他们提供了早期经验，父母的性格和观点会对其心理成长产生巨大的影响，而且家庭环境的影响是潜移默化的。因此，积极心理学指出，学校应该联合家长，让家长了解学校在心理健康教育方面的教学内容，了解学生的心理健康状况，加强沟通。除此之外，家长也应该承担起学生心理健康教育的责任，辅助学校共同开展心理健康教育。
- 社会教育发挥心理教育功能。“积极心理学认为大学生心理健康教育，不仅要靠学校和家庭的教育与培养，还需要社会的普遍关注并进行正确的舆论引导。”[①]社会也应该发挥心理教育功能，社会大环境能够引导舆论的走向，社会应该始终坚持正确的舆论导向，为学生心理健康的发展营造良好的社会氛围。社会上的各种媒体是氛围营造的重要载体，媒体应该承担起引导舆论走向的责任，掌握好氛围的营造时间、

① 周旖：《积极心理学视角下高校大学生心理健康教育研究》，硕士学位论文，湖南师范大学，2013 年，第 43 页。

营造力度，为大众提供健康和谐的社会氛围，始终让人们感受到社会生活的希望。

第二节　大学生心理健康教育中就业辅导的实施路径

一、分析大学生就业心理与职业发展规划

（一）分析与调适大学生就业心理

1. 分析大学生就业心理

大学毕业生就业的成功与否，不仅取决于其专业能力、道德素养、文化水平等方面，也取决于毕业生的就业心理状况和心理调适能力。

（1）影响大学生就业心理的因素

就业心理指的是大学生在毕业前后因为就业问题而产生的一系列心理活动，毕业生就业心理主要受到主观因素和客观因素的综合影响。主观因素主要包括如下三个方面。

- 大学生的生理状态和心理发展。大部分大学生在 23 岁左右毕业，这时的他们只是身体发育成熟，心理上并未成熟。在生理上，雇佣机构对招聘职员的工作时间所对应的职员性别、身高、健康状况等有某些要求，工作岗位的一些特性也或多或少地对就业者的生理条件有所限

制。因此，生理因素在很大程度上影响就业，也会对求职者的心理产生影响。从心理发展水平来看，评定一个人的心理发展水平，可以从认知、情感和意志三个方面入手，如记忆力、分析能力、逻辑思考力、情绪调节能力、意志品质等。心理发展水平将会对个人的业务能力和业务效果产生最直接的影响，因此受到雇佣机构的高度关注。一些雇佣机构还会对应聘者进行几次心理测试，以此来选择满足岗位要求的就业者。

- 大学生的人格特征。人格特征即个性，在生活、实践中经常表现出来，在他人看来是稳定的，是具有一定方向确定性的个人的心理特征的总和，具有与他人不同的独特心理状态和心理特征。人格贯穿一生，影响一生，永远不会消失。人的个性所产生的需求、动机、理想、信念、世界观和兴趣引导着每个个体的生活，指引着生活的方向和道路。不同的人格特征、个性气质、性格和能力影响并决定了人生的风格、事业与命运。不同的人格特征决定了不同的职业偏好。因为毕业生的择业心理和行为表现多种多样，有的毕业生想过稳定的日子、找稳定的工作，而有的毕业生则更愿意赌上金钱和时间进行创业。
- 知识结构。具体而言，知识结构是指求职人员的知识系统和求职人员自身之间的关系。知识结构对个人能力的形成影响是最大的，如果知识结构不同，那么求职者就会具有不同领域的能力。当今社会越来越智能化，技术迅猛发展，很多产业都逐渐实现了一体化，因此许多工作岗位都需要综合性人才。换言之，从业人员应该了解更多领域的知识，让知识的结构更加宽广，层次更加丰富。大学生在学习过程中，不能仅限于了解、学习与本专业相关的知识和技能，而是需要深入了解更多的基础知识并掌握一些基本技能，这样才能够应对现今高速发展的社会和多变的人才需求。深厚的知识水平、过硬的动手能力和合理的知识结构能够帮助毕业生顺利就业，同时这也是毕业生确认自己是否能够存活于职场的基础。由此可见，大学毕业生的知识结构会直接影响就业，是就业能否成功的关键因素。

影响大学毕业生就业心理的客观因素主要有社会环境、学校教育和家庭教育三个方面。

- 社会环境。人在社会中或多或少都会受到社会环境的影响。不同社会环境会对人造成不同的影响，而影响社会环境的因素有社会风气、社会经济发展状况等，就业形势和就业政策也会影响人的就业心理。同时，就业制度发生了改变，市场竞争更加激烈，这是挑战也是契机。近些年毕业生人数呈直线上升趋势，经济的发展促使不同行业产生了不同的人才需求，大学生要客观理性地看待，要积极应对，但也不能太过紧张，要保持健康的心理，充分地了解、分析社会需求，面对不同的情况要积极采取措施，以此达到适应不同环境、成功就业的目的。
- 学校教育。人对教育的理解越来越深入和透彻，大学不仅重视职业教育、专业教育，还应提供全面、高质量的素质教育。学校负责让学生在大学阶段得到社会化教育和培养，学生在这样的社会化教育环境中获得生活经验，并在自己的学习和理解下进行社会生活与实践。在这个过程中，学校的校风及教学模式对大学生有很大的影响，对毕业生的就业心理有微妙的影响。
- 家庭教育。家庭是社会的基本单位，父母是孩子的第一任老师。家庭的教育方式和父母的价值观都会直接影响着学生的心理状况和发展。

当毕业生被雇用时，就业情绪很可能受到家庭因素的影响。此外，父母对待自己儿女就业的态度也会影响毕业生的就业态度，父母的态度对毕业生的工作态度也会有显著影响。例如，一些父母希望孩子和他们生活在一起，但是又不希望孩子在私营公司工作。家庭教育影响着大学生的人格形成，父母的态度或多或少会影响大学生的就业态度，所有这些因素都会影响毕业生的就业情绪。

（2）大学生的就业动机分析

工作动机影响着个人对工作的选择，如果一个人选择了一份工作而没有选择其他的工作，或者选择了在这个城市工作而没有去其他的城市工作，那么致使他做出这种选择的最大原因就是个人的就业动机，所以对于就业心理来讲，最核心的就是就业动机问题。一般而言，影响个人求职动机的因素主要包括工作本身是否具有社会重要性、工作的经济报酬、工作地点、工作强度以及个人和工作之间的匹配程度。具体而言，体现在以下几个方面。

- 寻找专业对口的职业。大多数毕业生在选择职业时，第一选择都是与自己专业相关的职业，学以致用是大多数毕业生的普遍心理。在他们看来，与专业相关的职业可以缩短适应工作的时间，充分发展自己的才能并促进自己的成长，这就是许多毕业生不选择条件更好的工作，而是选择相对困难但有发展前途的工作的原因。
- 找一份社会地位高的专业工作。工作具有社会意义，从事社会地位高的工作容易使人受到尊重。所以，毕业生更愿意找一份社会地位高的工作。这是一种普遍的就业心理动机，高的社会地位主要是就威望和经济实力而言的。
- 找一份稳定的工作。传统的劳动管理制度影响了人们对就业的态度，没有稳定性就没有安全感，所以一些大学毕业生放弃了较好的就业机会，而选择了公共机构或国有大中型企业。当然，随着社会的发展和人们观念的改变，一些大学生不再重视就业保障，而是选择与自己的发展有关的职业。

- 去经济发达地区工作。经济发达的地区有很多工作机会，工资相对较高，就业市场相对规范。因此，许多大学生的就业目标地点是经济较为发达的地区。
- 注重经济待遇。在市场经济环境下长大的大学生对经济问题很敏感。大学生属于刚刚脱离父母的群体，面对需要自己生活这一问题时还较为懵懂。如果大学生没有一定的经济基础，就无法在社会上更好地生活，因此，大学毕业生在选择工作时都相当看重经济待遇。
- 奉献社会，培养自己。一些大学毕业生在面临职业选择时，放弃了良好的工作环境和职业生活，选择去支持西部建设，或从事基层或生产一线的工作。这些毕业生就业的动机是为国家服务、为社会做贡献，他们是大学毕业生的榜样，展示了新时代青年人才的精神面貌。

2. 大学生就业心理表现

大学毕业生就业心理的表现形式各不相同，这是因为他们的就业动机多种多样，动机又与他们自身的实际情况相联系。大学生需要积极的就业心理，主要体现在以下两个方面。

- 乐观自信。有些学生能够客观地认识和评价自己，有明确的就业目标，这是准确分析就业形势和社会需求的最有效途径，这类学生能够有效避免自身缺点，发挥优点，碰壁时不气馁，积极收集就业信息并最终找到最满意的工作。

- 有竞争的勇气和风险意识。一些毕业生可以适应刚毕业时的就业形势，也明白就业市场的竞争是不可避免的。他们要提高工作竞争力，就应该不断丰富和完善自己各方面的能力，并积极参与社会活动和学校文化活动。相当数量的毕业生既具有竞争力又具有冒险精神，他们不认为稳定是最好的选择，希望获得具有充分竞争力的专业职位。这些职业虽有一定风险，但有利于自身发展，因此很容易体现自己的价值。故此这类职业很受毕业生的喜爱。除了事业单位和大型国有企业外，不少人也倾向于选择具有充分竞争力的行业自主创业。

现如今人才竞争十分激烈，毕业生必须满足社会发展的需求。千万不能脱离现实，要与时俱进，变得独立，有强烈的自信。面对自己的缺点，要接受而不能逃避，通过“双向选择”实现理想。

3. 大学生就业心理准备

就业作为大学生从学校到社会的转折点，至关重要。面对就业，应届大学生应该积极做好就业准备，包括专业知识和专业能力的准备、职业道德责任感的准备以及心理准备。此外，应届毕业生要以积极的心态面对就业挑战，要在众多的就业机会中选择适合自己、能够满足自我发展、提升自我价值的岗位。

当今时代发展迅速，大学生经过四年的学习，入学前的专业就业形势和毕业时可能会有所不同，专业由热门变冷门或者由短线变长线等各种变化都有可能，这些变化都可能导致其求职信心受挫。因此，毕业生要有相应的心理准备，要冷静思考，正确分析自己的求职地位，主动改变自身想法，积极贴合社会需求，调整心态，寻求适合自己的职位，顺利就业。

应届毕业生就业时还缺乏社会经验，而且就业市场竞争非常激烈，这会导致许多毕业生感觉压力巨大、情绪波动起伏、焦虑，就业给他们的生活以及学习带来了困扰。为了帮助大学生积极正常地度过就业转折点，高校应该帮助大学生进行心理建设。应届毕业生的心理建设应该从以下方面入手。

（1）做好角色转换的心理准备

就业对于大学生而言是一场角色转换，即从之前单纯的学生身份向社会职员角色的转换。学生时代生活相对规律、状态相对稳定、生活也有保障，这种稳定从容的环境容易带给大学生美好浪漫的错觉。然而，社会是残酷的，尤其是当代大学生就业竞争激烈，面对生活环境的突然转变，如果他们继续沉浸在校园生活的美好幻想中，便很难应对激烈的就业竞争，所以大学生需要做好角色转换的心理准备，在毕业的转折点上及时调整心理认知，保持清醒的头脑，认清社会就业现状，并且运用学生时代所学的专业知识与技能，寻求相应的社会需求，找寻适合自己的职位。高校应该传授给学生清楚明确的观点，提前对他们进行心理预设，让他们知道大学毕业生也是社会上的普通一员，大学学习是为了积累知识、储备技能，是为了满足将来工作的需要。这样有助于大学生在毕业时做好角色转换准备，使其认清自己的社会身份，积极努力地择业，投入社会工作人员的队伍中，为国家建设奉献自己的力量。

（2）做好正确认识自我的心理准备

大学生还应该有正确的自我认知，充分了解自己的特点。根据自身的性格、喜好、特长、知识储备、技能储备，选择适合自身发展的职业。通过正确的自我认知，寻找到适合自己的职位，充分发挥自己的长处。对自我科学有效的认知，可以通过科学心理测试进行，此外，通过与老师、朋友、父母交谈所得的客观评价也是自我认知的渠道。正确、科学、有效的自我认知可以帮助毕业生更好地进行就业选择。

（3）做好认识和评价职业的心理准备

大学生在就业时应该正确认识和评价职业。人和职业之间具有双向选择性，人需要根据自己的特长选择擅长的职业；职业也要求履职的人具备相应的工作能力。应届毕业生需要对不同的职业有一定的了解，寻求与自身特征匹配的职业，需要根据自身的特点寻求适合发挥特长的职业。

（4）做好充分认知就业形势的心理准备

大学生在就业前应该充分认识就业形势。随着教育的普及，高等教育越来越大众化，就业形势日趋严峻，竞争激烈导致“相对过剩”现象。相对过剩反映的是大学生的需求不平衡，具体表现为在边远地区或者基层单位急需受过高等教育的人才，但是在大城市岗位竞争激烈，人才过剩。应届毕业生应该了解就业形势，并做好求职遇挫的心理准备，有远大抱负、才华横溢的大学生可以根据边远地区以及基层单位的需要，投身于基层工作或到边远地区去，从而实现人生的价值。

（5）做好自主择业的心理准备

应届毕业生应该做好自主择业的心理准备。就业前，大学生活平稳、安定、有规律，还有教师的指导以及父母的帮助，大学生并未真正独立。在面对就业选择时，大学生可能会出现迷茫、缺乏自信的情况，这种不自立的行为会导致用人单位对求职大学生缺乏委任工作的信心，进而导致就业选择的失败。因此，大学生在就业时一定要做好自主择业的心理准备，要相信自己，并充分利用自己的特长，选择适合自己的职业。

（6）做好遭遇挫折的心理准备

应届毕业生应该做好工作遇挫的心理准备。现如今就业形势严峻、竞争激烈，有竞争就有成功者和失败者。在求职的过程中，大学生可能会产生三个方面的心理问题。

- 产生迷茫。在就业选择时，自己的专业与职位需求吻合度低，大学生会对未来的职业发展产生迷茫心理。
- 产生逃避想法。在就业求职过程中，大学生发现用人单位对职位的知识水平和技能储备要求高，而他们本身的知识技能达不到所要求的水平，会产生对就业的逃避心理。
- 产生消极想法。即对求职过程中遇到的不符合规定、不符合常理的现象感到无法理解，对就业产生消极的态度。

以上问题的产生是由于大学生心理准备不足，因此，大学生在就业之前应该做好遇到挫折的心理准备，了解可能出现的情况，在遇到困难时勇敢面对，不怕失败，最终走向成功就业。

（7）做好就业期望值与现实有差距的心理准备

应届毕业生应该接受职业期望与现实差距之间的落差。大学生活向来平稳有规律，过于平稳的成长环境给大学生造成了浪漫理想的感觉，让他们自然而然地认为社会也是一帆风顺的。他们怀着理想的愿景走向社会，希望在社会平台上奋发前进，实现自己的人生价值。理想本身没错，但是初入职场的大学生缺乏职业意识和工作经验，可能会在工作过程中受到领导或同事的指正甚至批评、冷遇，进而造成心理期待与实际情况的落差，失去心理平衡。对于此种情况，初入职场的大学生应沉着冷静，主动分析原因，寻找自身不足，突破自己，不断进步。

应届毕业生需要平衡就业期望与现实差距，做好心理准备。就业是一个崭新的开始，初入职场的大学生努力积攒工作经验，以自己的实际行动获得职业成就感。在工作中遇到挫折时，要以积极的心态面对，不断向前辈学习，以突破自己、提高自己。在就业前，建立一定的职场意识，可以帮助大学生更好地发挥职业上的主观能动性。

- 树立积极主动的求职意识。在选择所学专业时，有的人可能会出现自身情况与专业存在偏差的问题。首先，有的学生为了进入好的学校可能选择了不喜欢的专业或接受了专业调剂；其次，部分学生可能会受社会潮流的影响而盲目地选择了当年的热门专业；最后，有些学生的专业选择是根据家长、老师的建议进行的，受到了他人的影响。这些情况都会造成大学生不了解将来就业需求及专业适用职位，在毕业就业时会无所适从。专业选择已然无法更改，在大学学习期间，大学生应该抓紧机会，了解自己的专业及未来的就业需求，掌握专业知识，积极主动地学习专业技能，向社会需求主动靠拢，紧跟本专业的时代发展，有效提升自己在就业市场上的竞争力。在就业求职时，积极主动地展示自我能力，靠自己的实力争取心仪的职位。
- 树立自主创业的意识。国家积极鼓励大学生进行创新创业活动，引导大学生运用所学所用进行知识创新，并为大学生提供政策鼓励和资源支持。大学生可以在毕业后选择自主创业，自主创业既可以避免就业竞争激烈的问题，还可以将自己的想法付诸实践，满足大学生的自我需要。
- 树立“转业”意识。在就业过程中，除了就业竞争激烈、就业形势严峻之外，很多毕业生很难就业的原因在于他们很难找到专业对口的职位。大学生在就业时，选择专业对口职位的观念影响着部分应届毕业生的就业选择。实际上，大学期间学习的知识，仅占人一生所学知识的十分之一，现代社会终身学习的理念已经越来越普及。大学生在就业时，应该树立“转业”意识，先就业，再择业。
- 树立角色转换意识。大学生从学生身份向社会职员身份的转变需要一段过渡期。在经历了四年平稳、有规律、稳定的大学生活后，大学毕业生虽然也有相关的社会实践活动，但是他们对社会的了解也并不深入，导致长期与社会脱节。因此，在面对突如其来的社会生活时，大学毕业生的很多习惯难以改变，很多思想也会受到影响。大学生应该树立角色转换意识，在过渡期积极调整自己的思想观念来适应社会发展和职位需求。[①]

（二）发展与规划大学生职业生涯

就业问题已经成为引发大学生心理困扰的重要因素。要改变这种状况，需要各方面的关注和努力。就大学生而言，尽早制订合理的职业生涯规划，并以此为依据积极地塑造自己和提升自己，是减少就业苦恼和提高求职成功率的重要途径，从而能为自己的职业生涯发展奠定良好的基础。

职业生涯规划指的是个人根据主观因素和客观因素对自己未来职业发展作出的规划，包括职业发展目标、职业工作计划、职业培训。职业生涯规划是未来职业发展的重要依据和参考。

1. 大学生职业发展自我评估

对自我展开评估是为了更好地了解自己、认识自己。大学生只有真实地了解自我，才能做出正确的职业规划，才能为自己找到适合的职业发展道路。

（1）自我评估的基本内容

自我评估包含非常多的内容，如性格评估、兴趣评估、技能评估、道

---

① 王志贤、刘斌、李梦婷：《基于积极心理学的大学生创业心理教育体系构建》，《黑龙江教育学院学报》2018 年第 10 期。

德水准评估等。大学生的自我评估涉及以下方面。

- 体力评估，即对自身的身体素质展开的评估。大学生需要根据自身体力情况选择适宜的评估内容，主要包括力量、动作的敏捷与身体的平衡性、下肢以及身体腰背的协调性、手臂的灵活与协调性、身体语言以及视听、身体的整体协调性等方面。每一个职业对体力都有不同的要求，例如，需要付出力气的工作会要求应聘者身强体壮，体育方面的职业会要求人具有良好的协调性、敏捷性，艺术方面的职业会要求视听器官灵敏，还有的职业会对应聘者提出特殊的体力要求。所以，大学生在进行职业选择时，必须结合体力情况具体分析。
- 能力评估。能力直接决定了一个人是否能够完成活动或任务及其效率。能力主要有两种：首先，一般能力，也就是基础能力，如注意力、记忆力、观察力、行动力等，这种能力的特点是通过认知即可获得，因此，一般也被叫作智力；其次，特殊能力，即完成特殊活动所需要的能力，这种能力和职业要求相关。个人能力既涉及一般能力也涉及特殊能力，因为人的职业活动都是具有职业特性的，所以对于个人能力而言，特殊能力是最为重要的，具备了特殊能力才能更好地开展职业活动。
- 人格评估。具体而言，人格主要包括个人兴趣、个人动机、个人价值观念、个人性格等。人格会对人的行为产生巨大的影响，也必然会影响到人的职业行为。所以，为了更好地选择匹配的职业，应该对自己的人格进行充分的了解，只有这样才能更好地匹配职业，才能实现人职匹配。

（2）自我评估的主要方式

认识自我需要个体对自我做出客观的评价，换言之，既不要过分高估自己，也不要过分看低自己，而要正确看待自己的优点，正确认识自己的能力。要做到客观的自我评价，一般可以通过以下五种方式进行。

- 心理测验。这是一种通过短时间的测验可总结出个人特点的测评手段，是将个人与群体进行比较得出的结果，结果较为客观准确。通过心理测验，个人可在短时间内更加了解自我，发掘个人特点特长，但需要注意的是，心理测验的结果只能够提供参考性的建议，并不代表绝对的事实。
- 能力倾向测验。这种自我评估方式验证的是个人和未来工作之间的匹配程度，以及在未来工作中取得成功的概率。比较出名的能力测验有一般能力倾向成套测验和区分能力倾向测验。除此之外，还有兴趣测验，主要是测验个人的兴趣类型，并将测验结果与各种职业从业人员的兴趣进行比较，明确其兴趣与哪种职业从业人员的兴趣最相近。
- 根据以往的经历，总结经验，对自身的特点、性格等进行客观评价。在对自身进行客观评估时，要合理利用以往经验并从中寻求答案。例如，个体可以根据过往工作经历发掘自己喜欢的工作，审思自己喜欢这些工作的原因，现在是不是仍然喜欢这些工作；也可以问问自己是喜欢处理人际关系还是喜欢处理具体问题，怎样才能激发自己的活力等。另外，要对过去成功的经验和失败的教训进行总结并分析成败的原因。要注意的是，应尽量以客观评价为依据，避免因为个人认识或个人动机的影响而出现较大的误差。
- 其他人的评价或者是与他人的比较。首先，根据其他人的评价进行自我评估往往是将他人的评价作为自我评价的参考，在和他人的交往过程中，他人给出的评价能够帮助个体加深对自我的认知。其次，通过与自己条件相似的人进行比较来评价自己时，应准确理解和分析他人对自己的态度及评价。

- 向就业指导专家咨询。学校设有就业指导中心，为学生提供就业专家咨询服务，这种方式能够帮助学生快速地获得就业知识与信息，而且专家能够帮助学生正确认识问题、重新认识问题。除此之外，还可以帮助学生提高职业决策能力。

2. 大学生职业生涯目标确立

每个人对职业生涯的成功与否都有自己的标准。而且，在不同的人生阶段，成功的含义也可能是变化的。成功这个概念包含了成功的含义、所发生的事件、所获得的物质、发生时间、对健康和家庭的影响、所获得的社会地位、得到的别人的认可等。这些都是具体的，但是可能对某些人而言，成功并不是能具体描述的，它可能是心情上的愉悦感，可能是工作氛围的和谐，也可能是完成工作的满足感。拥有不同价值与观念的人对成功的定义是不同的，个体需要根据自己的情况制定成功标准。

（1）职业生涯目标的分解

实现目标是需要长期艰苦奋斗的，将大目标分解为几个小目标，可以使实现方式及内容更加清晰，要通过实现无数个小目标共同促成大目标的实现。职业生涯目标有两种分解方式：一种是按性质分解出外职业生涯目标和内职业生涯目标，另一种是按时间分解出短期目标、中期目标、长期目标和最终目标。

第一，按性质分解，可将职业生涯分为外职业生涯和内职业生涯。外职业生涯是职业的外在条件，包括工作环境、薪资待遇、工作内容等；内职业生涯是职业所需的内在条件，包括个人的知识储备、专业水平、心理承受能力等。

外职业生涯主要由职业提供者决定，而内职业生涯所需的条件则需要个人去创造。从这个意义上讲，外职业生涯随时会改变，内职业生涯则不会轻易发生改变。内职业生涯的发展推动外职业生涯的发展，只有实现内职业生涯才能帮助外职业生涯取得成功。只有当个人的内职业生涯也就是工作所需具备的素养都齐全了，才能找到满意的职业。

外职业生涯目标的特点是能够进行具体的描述，具体包括工作地点、工作内容、工作职务、职务发展目标、经济发展目标，其中最重要的是经济发展目标和职务发展目标。内职业生涯目标涉及工作能力、工作成果、心理素质以及价值观念四个方面的目标。

工作能力指的是处理问题、完成任务的能力，设定工作能力目标能够让人切实地感受到自己对职业生涯的发展规划；工作成果目标包含很多内容，如发明新的管理形式、提出新的管理意见、创造新的工作业绩等。这里需要注意的是，工作成果目标当中的内容不仅包含外职业生涯目标，还包含内职业生涯目标，虽然工作成果目标表面上是外职业生涯目标的一种，但是工作目标涉及的具体内容又符合内职业生涯目标的标准，如工作知识的获得、工作经验的积累等。

心理素质在实现个人职业生涯过程中起着至关重要的作用。能实现职业生涯规划目标的人往往是心理素质十分强大的人，这种人在遇到困难的时候总会努力克服，并在克服困难的过程中不断反思自身存在的问题，积极寻求解决问题的方法，从而不断提升自我。缺乏这种心理素质的人往往在遇到困难时不会去寻找问题根源，也不会积极寻求解决问题的方法。

观念目标是一个人对职业生涯规划所持的态度和观点，观念的不断革新是职业生涯规划不断发展的重要条件，职业生涯的发展是由观念目标的革新开始的。

第二，按时间分解，可将职业生涯分为短期目标、中期目标、长期目标和最终目标。这些目标是根据实现时间划分的，通常一到两年内可实现短期目标，几年内可实现中期目标，实现长期目标需要十几年，而实现最终目标则需几十年。短期目标时限最短，因而应标明实现方式和计划时间。

短期目标的特征是：不一定是由个人制定的，也可以是由上级指定给个人的；短期目标不一定要根据个人的观念来制定，但要在个人可接受的范围内；短期目标需要明确实现的方式和计划实现时间，便于实际操作，并要确保最终能实现短期目标；短期目标要具有极强的适应性，能适应实现过程中可能发生的变化。

中期目标的特征是：建立在个体自身意愿以及组织的要求之上，目标与个体的价值观念基本吻合，个体也有实现目标的信心，能够用语言文字对目标进行具体的定量说明，目标实现时间也比较明确，可以根据具体的工作进行合理的调整。

长期目标的特征是：个体经过分析之后认真确定的、适合职业生涯发展需要且有可能实现的；目标对个体要有相当的挑战性；目标应该符合个体的发展价值观念，个体对于目标的实现充满斗志，也会为目标的实现而感到骄傲；只能用语言或文字进行定性说明。

（2）职业生涯目标的组合

对目标进行组合，可以利用目标之间的关系，使之更有利于实现最终目标。各目标之间并不是相互排斥的关系，也存在着因果关系和互补关系，根据这些关系即可进行合理组合，具体有以下三种组合方式。

第一，根据时间进行组合，有并进和连续两种方式。并进是在实现一个目标的过程中同时实现另一个目标的过程。这种情况分为两种：一种是同时进行工作内容的两个目标，例如，某些企业的行政总监会同时进行人力资源和行政管理的工作；还有一种是在做好本职工作之外努力实现其他目标，例如，在做好本职工作之外培养某一技能，这种情况比较复杂，需要个人具有极强的时间管理能力，两个甚至多个目标同时实现对个人能力会有极大的提升作用。连续是针对前后连接的两个目标而言的，在实现一个目标后可以尽快投入另一个目标中。短期目标其实是最终目标的一部分，实现短期目标后，中期目标就成为下一个目标，以此类推，一步步实现各个阶段的目标，从而实现最终目标。

第二，根据功能进行组合，各个目标之间的因果关系和互补关系是根据功能划分的。因果关系是指一个目标的实现有助于另一目标的实现，例如，提升个人工作能力有利于实现升职的目标。互补关系是指两个目标的实现对彼此都有辅助的作用，例如，一位从事管理工作的人获得工商管理硕士证书，这两个目标互相辅助，管理工作有利于获取证书，而获取证书的学习过程又为管理工作提供了理论知识。

第三，根据个人、家庭与职业生涯的关系进行全方位组合。职业生涯与个人生活息息相关，在进行职业生涯规划时，个人必须结合未来生活、家庭等方面进行规划，并协调好各方面之间的关系，全方位组合利于制订出更加合理的职业生涯规划。

（3）职业生涯目标的确立原则

职业生涯目标的确立需要遵循六个方面的原则：一是目标明确性，职业生涯目标的确立需要明确具体的阶段要完成的具体任务；二是目标可衡量性，指的是职业生涯目标的确立应该是可衡量的，即要有具体的数量、时间和相关的数据；三是目标相关性，指的是目标的确立要和职业发展相关；四是目标时限性，指的是职业生涯目标需要在一定的时间之内完成；

五是目标集中性，指的是目标应该集中，不可以太过松散，否则就相当于没有目标，没有了发展的重点；六是目标可实现性，即目标不可以过高，应该设定在个人能力范围之内，经过个人的努力可以实现。

职业生涯目标的确立需要注意七个方面的内容：一是目标要满足社会发展需求和组织发展需要；二是目标要建立在个体擅长的领域基础上；三是目标必须和自身现状有一定距离，但是又不可以好高骛远、脱离实际；四是目标跨度不宜过大，应该选择相对固定的方向，深入研究；五是短期目标和长期目标之间应该有一定的关联性，长期目标是短期目标发展方向的指引，短期目标是长期目标能够最终实现的基本保证，二者的关联能够促进职业生涯目标的最终实现；六是目标不可以空泛，要具体、要精准，避免目标过多、过杂，精准的目标才更容易实现，更容易促进个人发展；七是职业目标应该与家庭、个人及健康状况相协调，身体和家庭是事业成功的基础与前提。

（4）职业生涯目标的路线选择

在确定职业生涯规划目标后，就要设计目标的实现方向和路线，方向的选择取决于目标，又是目标实现的关键。不同目标决定不同的方向，不同的方向对个人又提出不同要求，因此在选择路线时必须慎重，要以职业目标为依据。

选择职业生涯目标路线也影响着未来人生的发展方向，要想选择正确的路线，必须经过慎重的思考，才能最终寻找到最适合自己的成功之路。在选择路线时，要考虑三个方面的因素。首先，要考虑适合自身价值观、喜好等的方向；其次，要考虑适合自身条件的，比如性格、知识水平、能力范围等；最后，要从社会环境考虑，综合考虑政治、经济各个因素，寻找有发展前途的方向。

（5）职业生涯目标的规划实施

在规划和实施职业生涯目标时，主要应遵照如下三个步骤。首先，明确目标。明确目标之后，设计目标实现的具体步骤。其次，如果有多种职业目标规划的方案，那么可以通过比较选择最合适的方案，然后按照计划具体实施，并且检查结果，如果结果和理想之间有偏差，那么应该对方案进行调整。最后，如果依然存在问题，那就需要重新考虑目标的设定。在这里需要注意，组织会对个人的职业生涯发展造成一定的约束，组织虽然不会阻止员工进行自我发展，但是也并不会为员工的发展主动、积极地创造条件。

二、培育大学生就业创业的健康心理品质

高等教育的重要环节是解决大学生的就业问题，因此，衡量各高校实力的重要指标之一就是毕业生的就业率。现今的教育发展正在从“精英教育”逐渐走向“大众化教育”，并且进入大学的门槛也越来越低，每年的应届毕业生数量都大于市场需求。在国家推崇“大众创业，万众创新”的双创环境下，就业创业的竞争更加激烈。对于普通的大学生来说，他们的人脉资源、资金资源都大致相同，这时，想要在就业市场中脱颖而出，个人的心理素质是关键因素。所以大学生一定要培养健康的心理素质，也要树立正确的价值观。

在就业创业的大环境下，帮助和引导大学生塑造健康的心理素质具有以下三点重要意义。第一，高校毕业生的就业目的和心理相对复杂，毕业生的类型也很多，并且深受现实因素的影响，健康的心理素质有助于形成正确的就业观，进而促进顺利择业；第二，近年来，高校毕业生的人数在

不断增加，这无形中加大了就业压力，原本习惯了单纯校园生活的大学生面对复杂的社会，其心理负担增大，消极情绪也在增加，所以对于高校来说，应该建立健全大学生的心理辅导；第三，培养良好的心理素质对塑造和完善大学生人格具有重要意义，应该培养大学生正确的择业就业观，帮助他们积极面对各种困难和挫折，还能够帮助其提升自我发展能力。

（一）大学生就业创业健康心理素质培育的内容

健康的心理是大学生就业创业心理素质培育的条件和基础。大学心理健康是指大学生应具备以下健康、优良的心理状态：身体健康，智力发展正常；人格独立完整，意志坚定；具有一定的人际交往能力。在具备以上健康心理的同时，大学生就业创业健康心理素质培育还应做到以下四个方面。

- 增强大学生健康的就业创业意识。目前，尽管高等教育已经成为一种大众化教育，但仍有大部分大学生在就业观上具有较强的精英意识，对就业择业期望过高。一方面，自身就业准备和能力的不足，与企业对人才的需求不匹配，导致就业创业率低；另一方面，从轻松的学校环境进入工作阶段，不能及时做好角色转换，有较大的心理落差和工作压力也是大学生逃避就业创业问题的重要因素。因此，加强培养大学生的就业创业意识，使其对社会工作需求和自身素质有更多了解，树立更全面的就业创业观，是指引大学生做好就业创业规划的重要环节。
- 提高大学生的就业创业能力和综合素质。大学生应提高自身专业技能和综合素质，这样才能在职场上具有真正的竞争优势。同时，面对巨大的就业压力，很多学生选择自主创业之路，解决了部分就业问题，但目前阶段，大学生自主创业成功率较低，主要问题体现在三个方面：大学生社会经验不足，过于理想化，不能很好地面对创业风险和挫折；自主创业要求创业者具有较高的综合素质，除专业知识外，还需要有强烈的事业心，较高的领导力、创造力、管理能力等，大学生很难一下子胜任企业负责人的角色；缺乏资金，没有相关人脉积累和政策支持，大学生往往很难度过创业的低谷。因此大学生应做好就业创业能力的培养和综合能力的提升。

- 培养大学生坚定的就业创业意志。创业是一个艰难而漫长的过程，充满不确定性，困难、挫折和失败都在所难免。这就要求自主创业的大学生具有顽强的意志，勇于承担风险，具有开拓进取的精神，这些都是大学生创业成功不可或缺的心理品质。
- 鼓励大学生大胆创新，支持创业。大学生是最具活力的群体，他们的创造欲望和动力，是其个人和国家前进发展的动力。因此，国家也提倡和鼓励大学生创新创业，出台了一系列创业支持政策，引导更多大学生创新创业发展。

（二）大学生就业创业健康心理素质培育的机制

1. 搭建更完善的就业创业平台

大学生创业往往处在项目研发阶段。由于缺少资金和经验，所以学校有必要为他们搭建完善的就业创业平台，提供基本的平台资源和设施设备。一方面，用更低的风险和成本，帮助大学生创业创新研究项目的成果转化，以便更好地在项目实施过程中修正和完善研究成果；另一方面，有助于大学生了解和积累自身的就业创业经验，提高自身就业创业综合能力，在实践中学习，在实践中成长。

2. 完善就业创业心理健康素质教育课程体系

大学生就业创业心理健康素质的培育，必须有完善的课程体系，要在结合本校教育特性的前提下因材施教。首先，应创设合理的心理教育课程，安排心理课程教育时间，让学生在学习过程中学有所获。其次，组织开展心理健康线上线下知识竞赛、辩论，或举办大学生就业创业心理健康讲座，让学生在沟通和交流中树立正确的就业创业意识。最后，教师在教授和传播的过程中，可将专业的知识与个性化的教育方式相结合，成为学生的知识传授者和思想上的引路人。系统构建一套大学生就业创业心理健康教育课程体系，是大学生就业创业健康心理培育的重要途径。

3. 开设专门的就业创业心理指导课

大学生在就业创业过程中，容易因项目压力、课程压力等出现心理困扰，心理课程虽然可以为部分心理问题做好预防，但当真正的心理问题产生时，由专业的心理医生介入是最有效、最快速的解决方式，也是预防心理健康问题，提高心理健康品质的重要途径。

4. 加强大学生抗压能力锻炼和挫折教育

每个人在就业创业的过程中都充满挑战与挫折，但拥有调控自己情绪的能力，面对过程中的困难和挫折，能够用积极乐观的态度面对和解决，是大学生就业创业必备的心理素质。通过创造适当的挫折情境及组织户外活动等实践方式，高校可以磨炼大学生意志，锻炼其面对挫折的能力，避免大学生因一时的挑战和失败产生不自信甚至放弃自我的心理。

（三）大学生就业创业健康心理素质培育的路径

把社会主义核心价值观融入大学生就业创业心理教育中，是引领大学生树立正确就业创业观的重要举措。在现代多元背景下，大学生的就业创业观念呈多样化发展，其中不免存在不诚信、功利性过强等价值观的偏差。从目前来看，通过一定方式将社会主义核心价值观教育融入大学生就业创业心理健康的培育中，引导大学生树立符合核心价值观要求的正确就业创业观，对大学生心理健康的建立和传播具有真正的引领和教育意义。

将社会主义核心价值观融入大学生就业创业心理健康培育，离不开国家的宣传和学校的积极配合。在国家宣传方面，应加大社会主义核心价值观的宣传普及工作，利用更多网络拼图、传统宣传渠道、宣传标语等方式，加大社会主义核心价值观的宣导。在学校方面，需要紧密配合国家的宣传教育工作，将社会主义核心价值观的教育当成全体教师的职责，做到全员育人的思想，探索更多把社会主义核心价值观与就业创业心理健康相结合的教学方式，全面提高学生的心理健康水平。

总而言之，大学生就业创业健康心理素质培育，是解决大学生就业创业问题的重要途径，也是高校培养大学生的重要因素。前文从四个方面阐述了大学生就业创业健康心理培育的内容，包括：增强大学生健康的就业创业意识，提高大学生的就业创业能力和综合素质，培养大学生坚定的就业创业意志，支持大学生大胆创新创业。此外，重点探讨了从为大学生搭建更完善的就业创业平台、完善大学生就业创业心理健康素质培育课程体系、开设专门的就业创业心理指导课、加强大学生抗压能力锻炼和挫折教育等大学生就业创业健康心理的培育机制，还提出了将社会主义核心价值观融入大学生就业创业心理教育的实施路径建议。高校应根据就业创业的心理健康特点，不断探索和完善大学生就业创业心理健康培育工作。

第三节 大学生心理健康教育中的生命教育辅导策略

一、大学生生命教育辅导及其原则

高校开展生命教育辅导不仅是大学生全面发展的需要，也是他们健康成长的迫切要求。教育的目的在于帮助生命力的正常发展，教育就是助长生命力发展的一切作为。

（一）大学生生命教育辅导的目标与内容

1. 大学生生命教育辅导的目标

大学生生命教育辅导的目标体现在以下三个层面。

- 培养大学生珍爱生命的意识。让学生在整个教育过程中能够体会身为人类的意义与价值，重视生死大事，珍爱自己，保护生命，了解生命来之不易，也体验生命成长的艰辛与苦难，认真生活，发扬生命的光与热，获得尊严。
- 促进大学生规划发展生涯。学生在整个教育过程中，能够体会人性。在获得尊严之后，进一步构建生命的前景，从个人的自我、休闲、人际等层面设定明确的努力方向，创造精彩人生。
- 促进大学生的自我实现。大学生要学会适时构建自己的理想，并努力使理想与现实相吻合，完成自我实现。在生命成长与发展的过程中，能够累积无数“理想与现实相吻合”的自我实现。

2. 大学生生命教育辅导的内容

大学生生命教育辅导的内容涉及四个方面：指导大学生认识生命的意义，进而尊重生命、热爱生命；增进大学生对人的关怀，丰富生命的内涵，提高生命价值；协助大学生检视自己的生命历程；教育学生尊重自己和他人，关怀社会。

（二）大学生生命教育辅导的重要原则

高校在对大学生进行生命教育辅导时需要遵守一些准则，其目的是为了达成生命教育目标。该准则的形成与教育实践过程应该贯穿教育全过程。生命教育原则彰显的是生命教育的理念、本质、目标、宗旨及规律。

1. 体验性原则

体验性是大学生生命教育辅导必须坚持的原则，在教育中应重视体育的意义与价值。

（1）指导带领大学生体验生命的存在

开展大学生生命教育时需要主动指引、领导大学生体验生命存在，通过真实的体验，帮助他们寻找到生命存在的真正意义。大学生的生命存在体验有两种方式：一是被动体验，自发、经常、直接地让人们感受。被动体验的特点是体验的获取不需要主体努力，也不需要主体进行思维转化，体验会自发、直接地进入人们的内心。二是主动体验，需要主体主动努力，将外界环境与事物通过内心感受转化为主体的内心意识和内心体验。主动体验的结果是产生新的感悟、新的理解、新的历史乃至新的精神世界。

（2）加强体验模式的设计工作

作为大学生生命教育的重要组成部分，体验模式设计可以提高大学生的体验能力，促进大学生生命正确发展。为了加强大学生生命教育的体验感，我们建立了体验模式设计，借此帮助大学生全面整体地增加体验感受。体验模式设计的特点是富有情境性、主体性及设计性，能够有效地挖掘和提升生命价值。

（3）在生活中进行生命体验

大学的生命教育要带领和指导大学生从相对封闭的大学校园中走出去，感受生活的丰富多彩，在美丽的景色中体会大自然的鬼斧神工，在真实的社会中感受人们的真善美，不断增加生命的体验，提高生命的价值。

2. 生成性原则

大学生生命教育辅导需要遵循生成性原则，从后天生成的角度来引导、指引和促进大学生生命更好地发展。

（1）重视生命教育中的生命成长过程

生命教育应该让大学生明白生命的意义在于对思想形成过程的思考和对自身发展的思考；生命的意义在于成长和实现自我，生命教育注重自我意识和精神的生成。

（2）加强大学生和谐生命关系的建设能力

融洽和谐的社交关系，可以帮助大学生更快更好地成长，尤其大学时期正是个体从青涩走向成熟的关键时期，社交关系的处理极为重要。生命教育有责任、有义务帮助大学生拓展生命关系，帮助大学生建立交流的桥梁，包括与自然、社会、家庭、老师、同学甚至自我交流；除此之外，生命教育还应该帮助大学生在人际关系中找准自己的位置，让自己处于积极、向上、进取、有无限发展潜力的友好和谐的生命关系中，不断地滋养生命，帮助生命成长，实现生命的升华与发展。

（3）尊重生命个体的差异性和独特性

在大学生生命教育的过程中，教育者应该以开放的、多元的、变化的教育态度，从整体上、宏观上来思考大学生的生命教育，尊重大学生的独特性与差异性，并且尊重他们的个性发展、情感发展及个性追求。生命教育的生成性决定着生命教育的结果，目的在于培养出个性鲜明的大学生。

（4）注重大学生内心的自我塑造与自我创造培养

大学生生命教育的培养应该遵循生成性原则，在不断变化的外界环境和自身经历的影响下，形成崭新的精神面貌，通过形成新鲜力量，激发个体内心对以往自我的不满足，促使个体形成自我塑造与创造力，向更好更高水准的自我发展。在生命教育的过程中，要通过不断的实践与思维转化，将外在能力逐渐转化为自我内心的塑造力与创造力，不断地激发内心对过去自己的不满足与对未来自己的展望，促使大学生不断向更好更高的目标发展。

3. 幸福性原则

生命教育的核心原则是幸福性原则，即引导大学生正确理解、认识幸福，从而能够追求并体验幸福。大学生生命教育辅导的幸福性原则，主要体现在以下五个方面。

（1）引导大学生秉持以幸福为基础的生命理念

幸福是人们行动的出发点，人生的目的就是为了追求幸福。大学生处于不确定的青年期和社会的转型期，生命教育要引导大学生秉持以幸福为基础的生命理念，让他们意识到人生的基本价值是追寻和获得幸福，使整个人生都充满对幸福的追求和享受，最理想的生活就是拥有幸福的生活。

（2）引导大学生追求高层次的幸福，维持幸福的持久性

生命教育能够帮助大学生平衡自身生理的愿望与实际生活的关系，有

利于大学生实现生理上的愿望并获得满足感，从而追求更高层次的幸福。追求幸福的过程是快乐、充实、有意义的，提升幸福感的同时，也能够获得价值感。

（3）培养大学生丰富多彩、快乐纯真和真诚恳切的幸福感

幸福是人们感受生活的一种积极体验。培养大学生的幸福情感不是简单的教化，而是需要生活情感潜移默化地感染，如父母亲情的感化、友情的感染等。所以，在大学生生命教育的过程中，教师根据不同学生的情况设立合适的环境，因地制宜地选择恰当高效的方法，引导大学生创建幸福美满的感情生活。

（4）通过实践感受生活、感受幸福，从而培育幸福感

生命的本质就是幸福，生命中充满了幸福。幸福是主观感受和客观条件共同作用产生的情绪，通过实践感受生活，有利于实现主观感受和客观条件的统一。大学生可以通过实践来获得幸福感。教育者在从事生命教育课程时，不能直接向大学生提供幸福感，而要通过教育和引导使大学生通过实践获得并提升幸福感。

（5）培育大学生直面挫折的勇气，培养淡泊名利的幸福感

高校通过生命教育辅导课程培育大学生淡泊名利的品质，丰富大学生的精神世界，培养、提升他们的人文素养，使其能够坦然面对浮躁的社会氛围，直面自己的缺点、问题以及经历的困难和挫折。在实践中要站在更高的位置，把问题和事物看得更长远，思考得更加细致和深远。

4. 超越性原则

在大学生生命教育辅导的过程中，教师要激发大学生内心的超越性，引导他们将更多的心思放在学习上，将更多的热情注入学习中，并制定人生目标、树立远大理想，敢于面对问题、困难和挫折，培养大学生勇于拼

搏、积极向上的精神，帮助他们实现自己的人生理想和生命价值。

（1）培养并唤醒大学生的超越意识

大学生经过长时间的知识积累，具有较强的超越意识，但是很多大学生并没有表现出来。这就需要教师在生命教育的过程中唤醒他们的超越意识，让他们认知到，只有努力拼搏和不断挑战自己才能实现自身的目标和人生价值，这样的人生才算完整并有意义。此外，唤醒超越意识有利于激发大学生的创新能力和创造能力，使他们继续突破自己，实现人生价值。

（2）实现从应然到实然再到更高层次应然的螺旋式提升和超越

人生就是实现自我和超越自我的过程。生命教育要根据大学生的自身情况，利用外界环境，因地制宜地激发大学生内在的超越意识。要引导大学生们清楚地认识到自身的状况，制定可实现的目标，激发他们提高自己、改变自己和超越自己的热情，通过“制定目标—努力实践—实现目标”这一发展模式，将应然转变为实然，再产生新的应然这一周而往复的过程，最终使大学生实现螺旋式提升和超越。

（3）引导大学生感悟生命价值，培育其淡泊名利和超越自我的情怀

生命教育的意义就是要引导大学生在生活中善于发现正面、积极的事物，善于自我反省和总结，敢于面对困难、挫折和挑战，培养大学生吃苦耐劳和勇于攀登的精神品质，让他们真正感悟生命的意义和价值，帮助他们提升、超越自己，塑造大学生的精神乐园。

（4）培育大学生反省、质疑和批判的能力

人们能够通过反省、质疑和批判提升与超越自我价值。在生命教育中，要帮助大学生打破这种束缚，使大学生具备反省、质疑和批判的能力，大学生在今后的学习中就会加强自我反思，不会迷信权威，会对知识提出质疑，并提出自己的不同观点，将批判精神融入学习中，实现自

我超越。

二、大学生生命教育辅导的策略分析

（一）加强心理辅导是大学生生命教育辅导之基

大学生生命教育辅导的前提和基础是不断加强心理辅导。心理辅导旨在帮助大学生解决目前存在的各种障碍和心理问题，也是保证大学生顺利完成学业和全面发展的前提，还是保护其生命发展的重要措施。高校应该通过游戏、讲座等活动给大学生普及心理健康知识，通过主流媒体将心理健康知识渗透到学生的生活、学习和交往中，在潜移默化中使学生增强对心理健康教育意识的了解和认知，不断提高学生的受挫能力和面对挑战的能力。除此之外，各大院校应该全方位地关注学生，选择一些心理素质良好的教师或同学开展心理观察和心理辅导的工作，及时发现问题、解决问题。

（二）丰富课程内容是大学生生命教育辅导之源

加强大学生生命教育的重要依托和载体是制定内容丰富、有科学逻辑体系的课程。课本教材是教学最主要的载体，它能够连接教和学。所以，要想加强大学生生命教育，就应该掌握内容丰富、拥有科学逻辑体系的课程。在设置课程内容时，应该把情感、人际交往、安全知识、突发情况应对等各种各样的教育内容融入其中，将这些内容渗透到“思政教学原理”“大学生体育与健康”等相关课程当中。而且，学校一定要教导学生珍爱自己的生命。具体的实践活动也不能少，高校应该组织一些突发事件的演习活动等，不断加强对大学生的生命教育。总而言之，一定要及时完善课程体系和活动体系，为开展生命教育奠定坚实的基础。

（三）优化文化环境是大学生生命教育辅导之魂

当代加强大学生生命教育的根本是营造和谐文明、积极向上的文化环境。文化环境必须得到优化才能丰富和提升生命的内涵，才能充分体现生命的价值和实现人生的意义。文化产生于特定的历史文化、社会发展时期，不同的国家不同时期所倡导的文化理念不同，文化差异对大学生生命教育的影响也不同。作为当代大学生，他们应该在高校的引导下学习社会主流文化，实现对文化的认同，加强文化自信。高校还应该加强校园文化建设，营造良好的校园文化氛围和环境。

结　语

心理健康是大学生健康成长的重要基石，也是大学生快乐学习的基本保证。本书立足于大学生心理健康教育的基本理论，从多个维度对大学生心理健康教育及辅导工作进行深入分析，不仅包括大学生的自我意识、健全人格、积极情绪、适应与学习等心理培育，还包括人际交往、恋爱心理、网络空间等社会关系的调适。宗旨是为大学生处理各种心理问题提供指导，帮助大学生的心理健康发展，对大学生正确认识自身心理发展和以积极、健康的心理状态去面对生活具有较强的现实意义和实践价值。

参考文献

1. 郦倩：《班级心理辅导在大学生心理健康教育中的应用》，《教育与职业》2013 年第 35 期。

2. 蔡亚敏：《大学生心理健康教育创新路径浅议》，《学校党建与思想教育》2016 年第 2 期。

3. 曹瑜、郭立萍、贾月亮等：《大学生人格影响因素的分析及完善其人格培养的对策》，《思想政治教育研究》2017 年第 1 期。

4. 邓海龙、张慧玲：《加强当代大学生生命教育的策略分析》，《山西高等学校社会科学学报》2013 年第 10 期。

5. 段华庆、江茜：《浅析团体心理辅导对大学生心理健康教育的重要性》，《青年与社会》2014 年第 10 期。

6. 龚勋：《大学生职业生涯辅导体系中纳入心理健康教育的研究进展》，《中国健康教育》2019 年第 5 期。

7. 关金艳：《大学生就业心理辅导的研究》，《教育探索》2013 年第 8 期。

8. 韩振峰：《当前大学生心理健康问题及应对策略》，《人民论坛》2020 年第 23 期。

9. 蔺桂瑞：《大学生心理素质教育研究》，北京交通大学出版社 2016 年版。

10. 刘苍劲等：《新时期大学生心理健康教育实效性研究》，北京师范大学出版社 2017 年版。
11. 刘晨、李素梅、杨静:《大学生的潜能开发训练研究——综合多学科研究的视角》,《教育现代化》2017 年第 39 期。
12. 刘鹏飞:《团体心理辅导在大学生心理健康教育中的重要性》,《广西政法管理干部学院学报》2012 年第 1 期。
13. 马媛媛:《茶文化与大学生心理健康教育的融合研究》,《福建茶叶》2021 年第 6 期。
14. 苗祥波:《融入思政课程的大学生心理健康教育路径分析》,《继续教育研究》2021 年第 10 期。
15. 邱小艳、唐君:《团体辅导在大学生心理健康教育课程中运用的实证研究》,《湖南师范大学教育科学学报》2011 年第 11 期。
16. 沈晓梅:《大学生网络心理健康教育路径探析》,《江苏高教》2013 年第 6 期。
17. 宋宝萍主编:《大学生积极心理健康教育：理论与实践》, 西安电子科技大学出版社 2015 年版。
18. 孙爱花:《“三全育人”理念下的大学生心理健康教育研究》,《继续教育研究》2021 年第 6 期。
19. 孙国胜、薛春艳:《生命教育视野下的大学生心理健康教育》,《学校党建与思想教育》2020 年第 21 期。
20. 谭华玉、马利君主编:《大学生心理健康教育：基于积极心理学角度》, 人民邮电出版社 2016 年版。
21. 王美琐、李兴余:《大学生心理健康情绪管理论析》,《教育与职业》2011 年第 3 期。
22. 王振宏、王永、王克静等:《积极情绪对大学生心理健康的促进作用》,

《中国心理卫生杂志》2010 年第 9 期。
23. 王志贤、刘斌、李梦婷:《基于积极心理学的大学生创业心理教育体系构建》,《黑龙江教育学院学报》2018 年第 10 期。
24. 王珠:《我国大学生心理健康教育演变与展望》,《黑龙江高教研究》2020 年第 12 期。
25. 吴彩虹:《大学生心理健康教育课程参与式教学方式探索》,《怀化学院学报》2015 年第 8 期。
26. 熊楚国主编:《大学生心理健康教育》,华中科技大学出版社 2018 年版。
27. 薛春艳:《大学生心理健康教育课程体验式实践教学探赜》,《学校党建与思想教育》2020 年第 9 期。
28. 杨正英:《刍议大学生心理健康辅导》,《大学教育科学》2010 年第 2 期。
29. 尹婷婷:《互联网视域下的大学生人格培养探究》,《江苏高教》2018 年第 10 期。
30. 于风笛:《积极心理学视域下大学生心理健康教育对策研究》,硕士学位论文,沈阳航空航天大学,2015 年,第 27 页。
31. 于志英、李迪:《基于心理健康课程培育大学生积极心理品质的途径》,《九江职业技术学院学报》2018 年第 4 期。
32. 俞亚萍、邵丽珍:《大学生核心就业力现状及提升路径》,《黑龙江高教研究》2014 年第 7 期。
33. 张斌、李爽:《有效开展大学生挫折教育的方法探究》,《学校党建与思想教育》2021 年第 18 期。
34. 张超:《辅导员工作视角下开展大学生生命教育研究》,《学校党建与思想教育》2017 年第 24 期。
35. 张冬梅、谷丹主编:《大学生心理健康教育》,北京邮电大学出版社

2018 年版。

36. 赵金萍、戴晓晖、刘云章等:《积极心理学策略对心理异常大学生心理健康水平、压力知觉和应对方式的影响》,《中国健康教育》2021 年第 7 期。

37. 赵菊、李燕主编:《大学生心理健康教育》,武汉大学出版社 2017 年版。

38. 郑华:《当代大学生人际关系优化研究》,硕士学位论文,信阳师范学院,2014 年,第 2 页。

39. 周旖:《积极心理学视角下高校大学生心理健康教育研究》,硕士学位论文,湖南师范大学,2013 年,第 43 页。